0からわかる！

—ゼロ—

お金の増やし方

超入門

税理士YouTuber
ヒロ税理士こと
田淵宏明 監修

ソシム

Understanding from 0!
How to increase your money

街のなかをのぞいてみよう

自分に合ったやり方で
資産形成をはじめよう!

お金を増やす方法はたくさんあり、
NISA と iDeCo という強力な味方も登場しています!
自分に合った資産形成を今からはじめましょう。

資産形成で特にオススメ
なのが NISA(→第4章)。
資産形成の目的や期間な
どを考慮して効率的な運
用をおこないましょう。

話題の NISA を
はじめよう!

どうやって
はじめるの?

どれくらい
増やせるかしら

資産形成に
興味があるけど、
元手がない
んだよなぁ

投資は少額からでも
OK! まずは自分の
資金を書きだしてみま
しょう(→P56)。

CAFÉ

iDeCo で年金を 増やせるって 聞いたわ

老後の備えが 心配だなぁ

iDeCo は毎月掛金をコツコツ支払うことで、節税ができ、老後資産を増やせるおトクな制度（→第6章）。老後が心配な人にオススメです。

投資信託を はじめたよ

投資 やってる?

働かなくてもお金を増やせるのが"投資"。リスク・リターンを知り、自分に合った方法を選択しましょう（→第2章）。

家計の見直しは どうしようかしら

FLOWER SHOP

家計は1度見直せば、節約効果がずっと続きます（→P58〜71）。資産形成の基本です!

税金対策に ふるさと納税を しようかな

私たちが必ず支払う所得税と住民税は、控除を受けて減らすことができます（→P72〜83）。ふるさと納税は返礼品がもらえて人気が高い制度です。

みんなのお金の事情

なぜ今、資産形成が必要なの?

収入が増えない一方で、日々の生活による支出に加え、ライフイベントによる出費もあります。お金の心配を減らすためには資産形成が必要です。

みんなの平均年収は?

平均収入は働き盛りで400〜600万円程度。男女差があり、女性は男性より低い傾向にある。

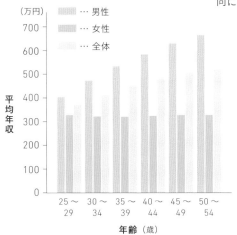

(万円)
… 男性
… 女性
… 全体

平均年収

700
600
500
400
300
200
100
0

25〜29　30〜34　35〜39　40〜44　45〜49　50〜54

年齢(歳)

自分の収入と平均を比較してみましょう

年齢		全体	男性	女性
30代	30〜34歳	413万円	472万円	322万円
	35〜39歳	449万円	533万円	321万円
40代	40〜44歳	480万円	584万円	324万円
	45〜49歳	504万円	630万円	328万円

＊厚生労働省「令和3年分民間給与実態調査」

30代

● 平均収入…約300万円

〈単身ひと月あたりの支出〉＊家計調査結果 家計収支編 (2022)

総消費支出	16万4,749円	被服及び履物	6,896円
食料	3万4,616円	保険医療	8,179円
住居	2万5,360円	交通・通信	2万787円
水道光熱費	1万1,806円	教養・娯楽	1万5,793円
家事・家事用品	7,282円	その他	3万4,029円

単身の貯蓄
平均494万円
(中央値75万円)

40代

● 平均収入…約600万円

〈1世帯ひと月あたりの支出〉＊出典同上

総消費支出	30万6,598円	被服及び履物	1万2,302円
食料	8万3,398円	保険医療	1万2,129円
住居	18万644円	交通・通信	4万7,492円
水道光熱費	2万3,431円	教養・娯楽	3万2,969円
家事・家事用品	1万2,783円	その他	6万3,450円

1世帯あたり
(2人以上)の貯蓄
平均825万円
(中央値250万円)

＊金融広報中央委員会「令和4年 家計の金融行動に関する世論調査」

主なライフイベントに かかる費用は？

ライフイベントにかかるお金は大きい。計画的に備えておかないと、あとで困ることに。

● 結婚費用

挙式、披露宴・ウエディングパーティーの総額

平均**303.8**万円

＊ゼクシィ 結婚トレンド調査2022 調べ

● 教育費

高校入学から大学卒業までにかける教育費用

子ども1人あたり**942**万円

＊日本政策金融公庫「令和3年度 教育費負担の実態調査結果」

● 住宅購入

建売住宅	**3,605**万円
新築マンション	**4,528**万円

＊2021年度 フラット35利用者調査

● 介護費用

住宅改造や介護ベッドの購入などの一時的な費用

平均**74**万円

月々の支払い 平均**8.3**万円

● 旅行費用

国内旅行 1人あたり平均**4**万**2,277**円

＊観光庁「旅行・観光消費動向調査 2023年1-3月期（速報）」

海外旅行 1人あたり平均**24**万**1,698**円

＊観光庁「旅行・観光消費動向調査 2019年年間値（確報）」

＊（公財）生命保険文化センター 保険研究室「2021（令和3）年度 生命保険に関する全国実態調査」

生活にかかるお金のほか、老後の備えも必要です。資産はほったらかしでは増えません。これからは資産形成をして自分の資産を守り、増やす必要があります

登場人物紹介

ヒロ税理士
超人気税理士YouTuber。自身の経験をふまえて資産形成のコツを解説！

会社員・山上さん
マイホームが欲しい40代会社員。子どもがいて、将来の資産について真剣に考え中。

会社員・須藤さん
30代会社員。周りが投資をはじめたこともあり、資産形成に興味がある。

エンきつね
ヒロ税理士のアシスタント。マイブームは円のポーズ。

だるま鳥
ヒロ税理士のアシスタント。見かけるといいことがあるかも……？

contents

第1章 意外と知らない!? お金の基本

第2章 お金を増やす選択肢 「投資」を知る

■3■ 投資に必要な元手のつくり方

第4章 NISAについて知ろう！

第5章 NISAをはじめよう！

第6章 iDeCoってなんだろう？

第7章 iDeCoを運用してみよう！

第8章 投資以外の方法でお金を増やす

コツ コツ

さっそく資産形成を
はじめよう！

意外と知らない!?
お金の基本

効率よく資産形成するために、まずはお金に関する基礎知識をおさえましょう!

金利が高いと低い。
トクなのは、
どっちかな?

お金の流れ①

お金がまわると社会が活性化する

お金は「社会の血液」とも呼ばれています。うまく循環しているときは、経済の調子もよくなるのです。

 お金は社会を循環しています。主に私たちの家庭である「家計」、働き先や商品・サービスの提供元である「企業」、税金を徴収し、公共サービスを提供する「国・地方自治体」の3者間を巡り、経済が成り立っているんです。

 みんなつながっているのですね。だから、どれか1つでも滞ると、景気が悪くなるということですか？

 そうです。景気が悪くなると、政府は減税や公共事業を増やしたりして、なんとか流れをよくする政策をとりますね。

 いまの日本はデフレだと聞いたんですが、インフレとどう違うんですか？

 デフレは消費の停滞など、経済活動の低下の原因になることがあります。一方、インフレはお金が循環しやすいので、経済成長のためにはインフレがよいという人もいます。ただ、インフレにもよしあしがあり、一概にはいえません。

デフレ
デフレーションの略。商品・サービスを欲しい人よりも、物量が増えすぎた結果、商品・サービスの価格が安くなる（物価が下がる）状態のこと。

インフレ
インフレーションの略。商品・サービスを欲しい人が、物量を上回るため、商品・サービスの価格が高くなる（物価が上がる）状態のこと。

よしあし
景気がよいため物価が上がり、それに伴って給与もUPするという好循環が起こるのが"よい"インフレ。逆に物価が高騰しているのに給与はそのままで、家計にダメージを与えるのが"悪い"インフレ。

世の中のお金の動きを見てみよう!

下のようにお金が「企業」「家計」「国・地方自治体」を循環することで経済が成り立ちます。家計と経済の関係をおさえると、自分の資産への影響も予測できますよ。

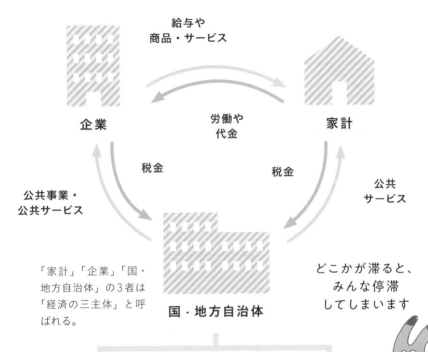

給与や商品・サービス

企業

労働や代金

家計

税金　　　**税金**

公共事業・公共サービス

公共サービス

「家計」「企業」「国・地方自治体」の3者は「経済の三主体」と呼ばれる。

国・地方自治体

どこかが滞ると、みんな停滞してしまいます

お金がまわる
＝
景気UP

給与が上がったり、消費が増大して企業の成長につながったりして、経済活動が活発に。

お金がまわらない
＝
景気DOWN

給与が下がったり、消費が抑制されるなどして、経済活動が停滞してしまう。

お金の流れの中心
銀行の役割とは?

銀行というと、「預金」をイメージする人が多いと思いますが、ほかにも重要な業務を担っています。

さて、先ほどお金は「家計」「企業」「国・地方自治体」の３つを循環しているとお話ししました。こうやってお金が世の中を循環するために必要な機関が、銀行です。

僕にとって銀行は「給与が振り込まれるところ」「お金を預けるところ」というイメージが強いです。

そうですね。多くの人が最初に思い浮かべるのは、預金だと思います。でも、もう１つ重要な働きがあるんですよ。

うーん……。あ！　お金を貸すことでしょうか?

正解です。銀行は個人にはローン、企業には融資という形でお金を貸してくれます。銀行はお金を「預かる」ことと、お金を必要としている人に「貸しだす」ことをおこなっている重要な機関なんです。このお金の橋渡しのことを「金融」といいます。

ローン
お金を借り入れること。さまざまな種類があり（→右ページ）、目的が定まったものや、決めた金額内であれば自由に使えるものがある。

融資
事業者が金融機関からお金を借りること。

銀行のお金の流れ

預かる
だけじゃなく、
貸すのも
仕事です

預ける

個人

[例] ● 給与振込 ● 預金

給与の振込先にしたり、定期預金などでお金を貯める。預けたお金は、銀行が利息をつけるため、ちょっと増える。

銀行には都市銀行や地方銀行などの種類がある。

預金　　　利息

借入

個人

銀行

融資

事業主

企業

返済＋
利子

貸しだす

返済＋
利子

[例] ● ローン

住宅や自動車の購入、教育資金など、大きなお金が必要になったときに、不足分を借入する。

[例] ● 事業資金

事業をはじめたり、運営していくための資金の融資を受ける。

〜〜〜 ＼ 主なローンの種類 ／ 〜〜〜

住宅ローン

住宅を購入するときに不足分を借入する。安定した収入がある人が対象。借りるためには、住宅を担保にする必要がある。

自動車ローン

自動車やバイクを購入するための借入。車種によって、金利が変わることがある。保険会社がおこなっているものもある。

教育ローン

子どもの学費を工面するための借入。上限があるが、まとまった金額を一括で借りられる。国がおこなっているものもある。

収入①

会社員の収入と
給与明細の見方

自分の収入をしっかり理解していますか？　給与明細はまずは額面と手取りに注目してみましょう。

 会社員の給与は、基本給＋手当から税金や社会保険料（→P20〜23）が引かれて支給されます。右ページに例を挙げてみました。

 基本給に各種手当がつくけれど、引かれるものも多いですよね。

 新人時代は手取りしか見てませんでしたが、引かれるものが気になるようになってきました。給与が上がっても、そこから差し引かれる額も大きくなるので……。

 そうですね。一概にはいえませんが、給与が上がると税金や保険料なども上がり、差し引かれる額（控除額）も増えるのでなかなか手取りは増えませんよね。

 私はなぜか12月は手取りが増えるのですが、これはどうしてですか？

 おそらく払いすぎた税金があって、その分払い戻すことで調整しているからだと思います（年末調整）。

年末調整
会社が給与所得者の1年間あたりの税金を算出し、月々の給与から差し引いた税金と比較して過不足を調整すること。年末調整をするには、給与所得者は「給与所得者の扶養控除等（異動）申告書」などの提出が必要。

給与明細の例

基本給に手当が加算

規定の基本給に会社で規定された手当（一部法律で義務付けられたものがある）が加算される。

支給額が額面給与、そこから控除額を差し引いたものが手取りとなります

「基本賃金」と呼ばれる。

扶養家族がいると支給されることも。

家賃の補助など、住宅に関する手当。

通勤のための交通費。

支給額	基本給	所定時間外賃金	家族手当	住宅手当	通勤手当
	250,000	44,400	6,000	20,000	5,000
	残業代。1時間あたり規定の割増（25％以上、月60時間超の時間外労働の場合50％以上）をして算出する。				合計 325,400

額面

原則、会社と個人で折半して支払っている。

原則、会社と個人で折半して支払っている。

一般的な事業の場合、個人は月給の0.6％程度の負担。

詳しくはP23。40歳以上になると支払うことになる。

控除額	健康保険料	厚生年金	雇用保険料	介護保険料	所得税
	13,000	23,790	1,500	0	54,000
	住民税	詳しくはP20。基本的には一律10％の税率が課せられている。			合計
	9,833				102,123
差し引き支給額	223,277				

手取り

詳しくはP20。所得に応じて税金が課される。

社会保険料で引かれる

額面給与から規定の社会保険料が天引きされる。

税金として引かれる

所得税と住民税が額面給与から天引きされる。

収入②

フリーランスや
個人事業主の収入

フリーランスや個人事業主といった自営業の場合の収入の考え方をおさえましょう。

 会社員と違って、フリーランスや個人事業主は稼いだお金がそのまま手元に入るから、夢があるように思えます。

 そうですね。ただ、フリーランスや個人事業主も税金や社会保険料を支払わなくてはなりません。事業のための資金などのやりくりも必要です。

 たしかに。自由にお金を使っていたら、たいへんなことになりそう。

 とはいえ、売上UPは収入UPに直結します。うまくいけば、会社員よりも高収入を得られるでしょう。社会保険による保障が会社員よりも少ないといったデメリットはありますが、定年がないので働ける限り収入を得ることができます。

 なるほど。定年後からフリーランスや個人事業をはじめるのもアリですか？

 もちろんです。会社をつくるという選択肢もありますね。

フリーランス
企業や組織に所属せず、個人で仕事を請け負っている人。

個人事業主
個人で事業を営んでいることを税務署に届け出ている人。

会社をつくる
会社（法人）は、法務局に登記申請をすることで成立する。会社には株式会社や合同会社などの種類があり、それぞれの特徴や自分の目的に合った形態を選択する。

自営業の人の収入と支出の考え方

収入から事業資金を引いたのが「所得」となる。「所得」から
さらに税金や社会保険料を引いた分が、実際に入るお金。

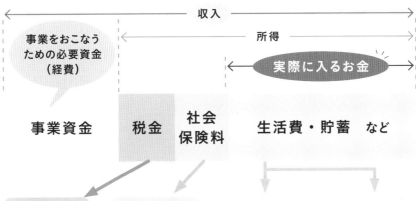

税金

少なくとも、所得税と住民税を支払わなければならない。事業内容などによっては、支払う税金が増える。

社会保険料

詳しくはP22。フリーランスや個人事業主の場合は、国民健康保険と国民年金の保険料を自分で支払う。

生活費

食費や住居費、光熱費、生活するために必要な支出を工面する。ただし、自宅で事業をおこなっている場合は、いくらかを経費にできる。

ローン返済

住宅ローンなどの私的なローンのほか、事業資金の融資を受けている場合には、その返済も併せておこなう。

貯蓄

収入と生活費のバランスをみて、いくらかは貯蓄にまわす必要がある（→第3章）。

フリーランスの
平均年収は
約300万円と
いわれています
（「フリーランス白書
2023」より）

―――― ＼ 確定申告が必要になる ／ ――――

個人事業主やフリーランスは、翌年の2月16日〜3月15日までに、年間の所得に基づく所得税を自分で税務署に申告して納付する。この申告に基づき、住民税が算出される。

稼いだお金に
かかる税金

私たちはさまざまな種類の税金を支払っています。まずは所得にかかる税金について知りましょう。

所得にかかる税金といえば、所得税と住民税がありますが、所得税は課税所得にかかる税金で、住民税は住んでいる地方自治体に納める税金です。

所得税は所得が上がると税率が高くなるんですよね？

累進課税といいます。右表を見てください。

僕は課税所得が400万円だから、この表だと20％の税金が引かれるんですね。

いえ、じつは所得税は課税所得の階層ごとに控除額も決まっていて、課税所得×税率分がそのまま差し引かれることはないんですよ。

住民税はどうなりますか？

住民税は一律10％の所得割と均等割が定められており、いわゆるふるさと納税（→P72）などの税額控除があればその分は差し引かれることになります。

課税所得
合計所得から所得控除を差し引いて算出した課税の対象となる所得（→P82）。

累進課税
課税所得が上がるほど、所得税率が高くなるしくみ。

所得割
個人の前年所得に対し、一律10％（都道府県に4％、市区町村に6％）支払うことになっている。

均等割
2023年時点で都道府県民税は1,500円、市町村民税は3,500円の計5,000円ほどだが、自治体によって異なる。なお、2014年度から2023年度までの10年間は各500円引き上げられている。

所得税と住民税の額

\ 所得に応じて決まる /

所得税

給与所得などの合計所得から所得控除を差し引いた課税所得（→P82）とそれに応じた税率から算出する。

所得階層ごとに控除額が決まっています

▶ 所得と税率、控除の早見表

課税所得金額	税率	控除額
195万円以下	5%	0円
195万超～330万円以下	10%	9万7500円
330万超～695万円以下	20%	42万7500円
695万超～900万円以下	23%	63万6000円
900万超～1800万円以下	33%	153万6000円
1800万超～4000万円以下	40%	279万6000円
4000万円超	45%	479万6000円

課税所得 × **税率** － **控除額** ＝ 所得税額

[例] 課税所得500万円の場合

500万円×20％－42万7500円＝所得税額57万2500円

\ 所得税から算出される /

住民税

前年の所得と税額控除額、均等割を目安に、地方自治体が税額を決定する。

前年所得の10％（所得割） － **税額控除額** ＋ **均等割**
＝ 住民税額

詳しくはP82。

[例] 前年所得500万円、税額控除30万円の場合

500万円×10％
－30万円＋5000円
＝住民税額20万5000円

あくまで目安です。実際の課税額は自治体によって異なります

困ったときに役立つ！

暮らしを助ける社会保険制度

保険料は一律ではなく、加入する社会保険や所得などに応じて異なります。

社会保険制度は大きく分けて、医療保険、介護保険、年金保険、労災保険、雇用保険の5つがあります。どの社会保険に加入するかは、年齢や職業などで変わります。

保険料は一律のものもありますが、標準報酬月額（毎年4～6月の月額給与の平均）と保険料率から算出されるものもあります。

全国健康保険協会（協会けんぽ）に加入している人はWEBサイトに都道府県ごとの標準報酬月額に対する保険料率がでているので、自分で確認してみましょう。

基本的にフリーランスや個人事業主は、会社員に比べると加入できる社会保険は少ないです。

ただ、それはなにかあったときの保障も少ないということを意味します。この場合は「所得補償保険」など、民間の保険に加入することも検討したほうがよいでしょう。

社会保険と保険料

※以下の情報はすべて2023年6月時点のものです。

① 医療保険

会社員 公務員 など
● 健康保険

自営業の人 など
● 国民健康保険

75歳以上の人
● 後期高齢者医療制度

健康保険と国民健康保険は、医療費の自己負担を原則3割に。後期高齢者医療制度では、自己負担額が原則1割になる。給付金の対象は、医療保険の種類で異なる。

保険料

▶ 健康保険

$$\frac{標準報酬月額}{賞与} \times 応じた保険料率 \times \frac{1}{2}$$

▶ 国民健康保険

世帯所得や被保険者数などを基に算出される。

▶ 後期高齢者医療制度
全国平均月 6,472 円

2年ごとに保険料率を改定。

2 介護保険

40歳以上 ● 介護保険

40歳以上になると、国民健康保険もしくは健康保険と一緒に保険料を支払う。原則65歳以上から、介護サービスを受けるときに自己負担が1〜3割となる。

保険料

※40〜64歳の会社員の場合。

$$\text{標準報酬月額／賞与} \times \text{介護保険料率 } 1.82\% \times \frac{1}{2}$$

毎年見直される。

 自営業者（40〜64歳）は介護分を含んだ国民健康保険料が算出されている

3 年金保険

20歳以上60歳未満 **会社員** **公務員** など

● 国民年金　● 厚生年金

原則65歳以上から年金を受給できる。会社員の場合は国民年金に加えて厚生年金に加入することになる。

保険料

▶ **国民年金**
　月1万6,520円

毎年見直される。

▶ **厚生年金**

$$\text{標準報酬月額／賞与} \times \text{応じた保険料率} \times \frac{1}{2}$$

4 労災保険 ＆ 5 雇用保険

労働者 （個人事業主・フリーランスは除く）

労災保険は業務が原因で起こったけがや病気のとき、雇用保険は育児や介護の休業中や失業時などに給付金が支給される（申請が必要）。

保険料

▶ **労災保険**
　会社が全額負担

毎年見直される。

▶ **雇用保険**
※一般事業の会社員の場合。

$$\text{標準報酬月額／賞与} \times \text{保険料率 } 6/1{,}000$$

社会保険料は自治体で差があります

会社員で30歳独身・月収30万円（賞与なし）の社会保険料

・東京都在住　4万4,250円／月
・佐賀県在住　4万5,015円／月

※編集部算出の目安です。保険料率が異なる市区町村もあるので、実際は異なることがあります。

年間だと約9,000円の差がつきます！

ふだんの生活のなかで引かれる税金

私たちは日常生活を送るなかで、さまざまな税金を支払っています。所有資産にも税金はかかります。

 所得税や住民税のほかにも、ふだんの暮らしのなかでさまざまな税金を支払っています。代表的なものに、消費税がありますね。

 今は10％ですよね。また増税する可能性があると聞きました。

 そうですね。社会保障を安定させるために消費税の増税が今後も続く可能性があります。そのことを考えても、老後に備えてお金を増やすことはとても重要です。

 私たちが支払う税金には、ほかにどんなものがありますか？

 所有する資産にかかる税金もあります。固定資産税や自動車税は、毎年支払う必要がありますし、相続する遺産が一定額を超えると相続税が発生します。

 ちゃんと知っておかないと、思わぬ出費に慌ててしまいそうですね。

消費税
商品・製品の販売やサービスの取引などに課される税金。基本税率10％で、軽減税率の対象となるものは8％になる。基本的に消費者が支払った消費税は、支払い先の事業者が納付をおこなっている。

社会保障を
安定させる
日本は高齢社会であり、現役世代の人口が減っているため、現役世代の社会保険料だけでは社会保障を維持できない。そのため、公平に負担でき、安定的な税収となる消費税を増税して社会保障にあてている。

商品やサービスにかかる税金

※以下の情報は2023年6月時点のものです。

消費税

商品・サービスの取引にかかる税金。現在の税率は10%だが、「酒類や外食以外の飲食料品」などは8%の税率となっている（軽減税率）。

ガソリン税

揮発油税と地方揮発油税の総称。ガソリン給油1ℓあたり53.8円が課税されている（消費税は別途支払う）。

たばこ税

国と地方自治体に支払う。税負担は購入金額の50%程度。1箱580円のたばこなら、300円程度がたばこ税。

酒税

お酒の種類で税率が異なる。2026年まで段階的に税率UPが予定されている。

入湯税

温泉施設を使用するときの税金。法律上は1人1日150円だが、自治体で異なる。宿泊施設だと、宿泊税を支払うことも。

個人の所有資産に対してかかる税金

固定資産税

所有している土地や家屋などに課せられる税金。納付通知が自治体から届く。地方自治体が決定した評価額×規定の税率（基本は1.4%）を支払う。

▶ 一戸建て住宅なら10〜15万円程度（地域差あり）

自動車税・軽自動車税

自動車を所有している人が自治体に納める税金。軽自動車の人は軽自動車税。自治体から納付通知が届く。

▶ 軽自動車なら1万円程度（平成27年4月1日以降に登録した車両）

相続税

受け継ぐ遺産の総額が「基礎控除3000万円＋法定相続人の数×600万円」を超える場合に課税対象となる。

税額は資産によって変動します

金利

お金の増えやすさが
わかる金利

金利からお金の増えやすさがわかります。金利を味方につけると資産形成をしやすくなります。

 銀行などの金融機関からお金を預けたり、借りたりすると、利息や利子がつきます。この利息や利子を総称して金利と呼びます。金利が高いと、預金が増えやすくなります。

 いまは金利が低いと聞きますよね。預けてもあまり増えないし。

 そうですね。今は預けるだけではお金を大きく増やすことはできません。だからしっかりとしたマネープラン（→P28）を立て、資産運用で効率よくお金を増やすことが重要となります。ただ、金利が低いと、お金を借りやすくなるメリットもあります。

 利子が少なくなるからですか？

 そのとおりです。金利は金融機関ごとに設定されていますから、預けるなら金利が高いところ、借りるなら金利が低いところがいいということになります。この金利の特性をおさえると、資産形成の計画も立てやすくなりますよ。

金利が低い
日本銀行の調査によると、普通預金の平均年利率は1990年代前半には0.5〜2%近くあったが、2022年には0.001%。100万円を預けたとしても、単純計算で10円しか利息がつかない時代になっている。

金利が高いとどうなる？

預けると…

貯めているお金が
増える

預金が大きく増える。たとえば、預金が100万円で利息が0.1％の場合、1年目は100万円×0.1％＝1,000円の利息がつく（利息につく税金を計算しない場合）。

預けるなら
高い方に。
借りるなら
低い方にします

借りると…

返すお金が
増える

返済金額が大きく増える。たとえば、借入300万円で利子が0.1％の場合、1年目は300万円×0.1％＝3,000円の利子がつく（利子につく税金を計算しない場合）。

＼ 金利が低いときのメリットは？ ／

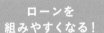
返すお金が少なくなる

↓

**ローンを
組みやすくなる！**

金利が低いと、お金を借りるときの利子が少なくなる。そのため、住宅ローンや自動車ローン（→P15）などが組みやすくなる。

＼ 金利には2種類ある ／

金利には主に2つの種類がある。預金やローンのプランで異なるので知っておこう。どちらがよいかは、そのときの経済の状況による。

固定金利

社会の金利が変動しても、預けた・借りたときの金利がずっと適用される。

変動金利

その時点の金利が適用されるため、利息や利子が一定でない。

計画

お金を増やしたいなら マネープランを立てよう

お金が不足する時期や、いくら増やさなければいけないかがわかり、資産形成の目標が明確になります。

お2人とも、自分のマネープランは立てていますか？

そもそも、どう立てたらいいかわかりません……。

そうですよね。まずは、この先5年分のプランを考えてみましょう。右ページの資金収支表を見てください。

年間の収入と支出を計算して、年間の収支と貯蓄残高を算出するんですね。

家族1人ひとりの年齢も記入することで、ライフイベントによる支出もわかりやすそう。この年は高校入学だからお金がかかる年だとか。

不足するお金を知り、それをふまえてどれだけお金を増やすのか目標を立てることが最終的なゴールです。そうすることで、資産形成の計画が立てやすくなります。難しい場合は、シミュレーションなども利用しましょう。

ライフイベント
進学や就職、結婚や育児、住宅購入など、人生において起こる大きな出来事（→P5）。必ずしも予測どおりにはいかないので、都度見直そう。

シミュレーション
自分の現在の生活状況から、将来の貯蓄や生活状況などをシミュレーションしてくれるWEBサイトはさまざまある。試してみよう。

\ 知るぽると /

金融広報中央委員会が政府や日本銀行などと協力して金融に関する情報発信をしている。

資金収支表の記入例

		2023年	2024年	2025年	2026年	2027年
家族構成・年齢	太郎（夫）	30	31	32	33	34
	花子（妻）	30	31	32	33	34
	優（長男）	3	4	5	6	7
手取り（万円）	夫の収入	400	404	408	412	414
	妻の収入	300	304	308	312	314
支出（万円）	生活費	360	362	364	366	368
	居住費	168	168	168	168	168
	娯楽費	30	30	45	50	80
	教育費	60	60	80	80	85
	保険料	20	20	20	20	20
年間収支		+62	+68	+39	+40	+7
貯蓄残高		300	368	407	447	454

家族の名前・続柄の横にそれぞれの年齢を記入する。

おおよその年間収入を記入する。

支出の内容と金額を1年ずつ記入し、年間の合計支出をだす。ざっくりでもOK。

やってみましょう

収入と支出を合算して収支をだす。収支を加えた貯蓄残高を最後に書く。たとえば、収支が＋30万円で、これまでの貯蓄が100万円あるなら、30＋100＝130万円が貯蓄残高。

シミュレーション例

たとえば、
◉ 世帯主30代・会社員（退職金あり）
◉ 配偶者あり（退職金なし）／子ども1人
◉ 世帯年収500万円、生活費・住居費月30万円
◉ 貯蓄残高300万円の家庭なら……

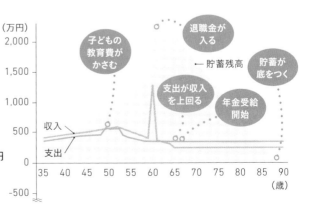

Q 扶養の壁って
なんのことですか?

 A 配偶者控除を受けられる
ボーダーラインのことです。

　一般的には、配偶者に金銭的な負担を大きく頼っている状態を「扶養に入る」といいます。この場合、扶養している側は配偶者控除を受けられ、所得税や住民税を減税してもらうことができるのです（扶養している側の所得によっては、控除額が減額されたり、控除の対象外となる）。この配偶者控除は、扶養される側の年収が103万円を超えると受けることができなくなります。これが"壁"にたとえられています。ただし、配偶者が年収201万円を超えていなければ、その所得に応じた「配偶者特別控除」が受けられます（要件がある）。

　そして、壁は税金面だけでなく、じつは社会保険料にもあります。扶養されている側は社会保険料が免除されていますが、年収が106万円もしくは130万円を超えると、社会保険料を支払わなくてはなりません。

それぞれの壁を確認!

103万円	配偶者控除がナシに
106万円	社会保険料を支払う（2024年10月から51人以上の会社等の場合）
130万円	社会保険料を支払う（2024年10月から51人以下の会社等の場合）
150万円	配偶者特別控除が減少
201万円	配偶者特別控除がナシに

第 2 章

お金を増やす選択肢 「投資」を知る

資産形成をするには「投資」がオススメです。自分に合ったものを選びましょう。

はじめる前には必ず
情報収集を
することが大切！

投資のしくみを
知っておこう

投資は正しい知識があれば、お金を増やす有効な方法
になります。まずは投資のしくみを知りましょう。

 さて、ここからは具体的なお金の増やし
方について説明していきます。私がオス
スメしているのは投資です。投資とは、
文字通り自分の資産を投じる（提供する）
ことを意味します。株（→P38）や投資
信託（→P40）などの金融商品を保有し
たり、売却することで**リターン**を得てお
金を増やしていきます。

リターン
投資によって得られる
利益のこと（→P34）。
リターンは金融商品に
よって異なる。

 どうしてお金を増やすために投資がオス
スメなんですか？

 投資は**不労収入**＝自分が働かなくてもお
金を増やせる方法だからです。投資は金
融商品を選択し、「持ち続ける」「売る」
のいずれかをするだけで働く必要はあり
ません。必ずしもリターンが大きくなる
とはいえませんが、鉄則（→P36）を
おさえて運用すれば、資産形成の強い味方
となってくれます。

不労収入
自分の労働以外で得ら
れる収入のこと。不労
所得とも呼ばれる。

 なるほど。たしかに自分で働いて得る収
入には限界がありますし、それ以外でお
金を増やせるならよいですね。

金融商品を買って、リターンを得る

投資は金融商品を買い、保有したり、売却したりすることで利益を得る。

リターン

金融商品を保有していることによる利益、もしくは売却した際の利益を受け取る。リターンは金融商品の種類により異なる（例：株主投資なら配当金など）。

あなた

気に入った投資先の金融商品を買う＝投資先に資金提供することになる。

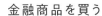

金融商品を買う

集めたお金は事業の資金に

新しい事業をはじめることも！

しくみはシンプル

投資先

投資によって得た資金を事業資金として使う。

業績が上がる
＝
リターンUP

投資先の業績が上がれば、その分もらえるリターンも増える可能性大。

業績が下がる
＝
リターンDOWN

投資先の業績が下がったら、リターンも減少。損をする可能性もでてくる。

リスクとリターンの考え方

投資のリスクとリターンには種類があります。具体的に知っておくと、運用時に役立ちます。

お金を増やすために投資がいいというのはわかりますが、投資はリスクがあって怖いイメージもあります。

自分の元手の範囲内で投資するなら借金をすることはありませんし、あまりリスクを怖がらなくても大丈夫です。投資では、右ページのような個々のリスクが影響して、金融商品の価格が変動（値動き）します。この値動きの幅が投資全体のリスクの大きさです。

どういうことですか？

ざっくりいうと、値動きの幅が大きいものはリスク大、小さいものがリスク小といえます。これは金融商品によって変わります（→P46）。

リターンはどうなんでしょうか？

リターンは「保有」と「売却」することで得られる利益を合わせたものです。これも金融商品で変わります（→P46）。

値動きの幅
金融商品の価格の最安値と最高値の差のこと。過去から現在までの動きはチャートで確認することができる（→P53）。

投資のリスク・リターンの分類

投資のリスク

投資をするうえでのリスクは、下の5つに分けられる。

1 価格リスク

市場の動向（株価や不動産価格など）によって、資産価値が変動する。

2 金利リスク

金利が変動することで、資産価値が変動する。代表的なのは債券。

3 為替リスク

円安や円高といった為替の変動によって、資産価値が変わる。

4 信用リスク

投資先の状態によって、資産価値が下がる可能性がある。資産価値が0になることも。

5 流動性リスク

買い手がつきにくく、売りたいときにすぐに売却できない可能性がある。

上記のリスクで金融商品の価格が変動するんですよ

リスクを理解した上で投資をはじめましょう

投資のリターン

投資のリターンは大きく分けると、下の2つがある。

1 インカムゲイン

定期的に
得られる収入

配当金や分配金といった、金融資産を保有することで定期的に得られる利益のこと。

2 キャピタルゲイン

売却すること
による利益

売却益。金融資産の価値が買ったときよりも値上がりしたときに売ることで得られる利益（差額分が利益となる）。

投資をするときの
3つの鉄則

投資初心者はここで紹介する3つの鉄則を守りましょう。失敗するリスクを減らすことができます。

 投資で絶対成功する方法というのは、残念ながらありません。でも、失敗のリスクを減らすことはできます。それが「長期」「分散」「積み立て」です。

 長い期間、さまざまな商品に分散させて投資し続けるということですね。

 長期運用することでお金を雪だるま式に増やす効果（複利）があります。また、投資先は分散しないと、アクシデントが起こったときに投資した資産をすべて失ってしまうおそれがあります。

 「積み立て」はどういうことですか？

 つねに一定額分を購入していくことです。たとえば、株の価格は上がったり、下がったりしているので、100株を一括で買うとなると、タイミングを間違えると大損です。対して、毎月3万円分ずつ購入する場合、高いときには少なく、低いときに多く購入できます。結果として、平均購入単価をおさえられます。

複利

元本についた利息（リターン）をそのまま売却せずに保有し、元本として運用し続ける。一方、単利は最初に投入した元本のみに利益がつく。

大損

たとえば、1株が5,000円のときに100株買って50万円かかったのに、その後株価が下落して1株3,000円になったとすると、100株で30万円となり、差額の20万円を損したことになる。

「長期」「分散」「積み立て」がカギ

鉄則
① 長期投資をする

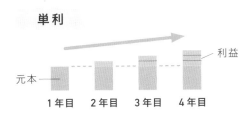

単利

元本 ——

1年目　2年目　3年目　4年目

利益

複利

1年目　2年目　3年目　4年目

得た利益を
運用にまわし続けた
ほうが、収益が
大きくなります

保有している金融資産の価値が上がって
も、売却せずにそのままにする（資産運
用にまわす）。元本＋利息（利益）にさ
らに利息が加わり、単利のときよりも早
く資産が増える。

鉄則
② 投資先を分散させる

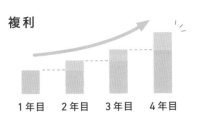

投資先B

投資先A

投資先を分散させることで、どれか1
つが失敗しても、ほかでカバーするこ
とができ、投資した資産をすべて失う
リスクを減らすことができる。

鉄則
③ 積み立てで購入する

コツ　コツ

タイミングをみて一括購入するのではなく、つねに一定額分を購入することで、平均購入単価をおさえられ、購入時に損するリスクを減らす。

投資の代表格
株式投資

投資の代表格といえば、「株式投資」。株式取引の基本を知っておきましょう。

 株式は企業の発行する証券です。証券会社を介して購入することができます。

 配当金や株主優待があるんですよね。

 インカムゲイン（→P35）ですね。あとは、売買することで売却益を得ることができます。

 友人が「早くFIREして配当金で生活したい」と言っていました。配当金ってそんなにたくさんもらえるものですか？

 配当金は、投資した金額と配当利回りによって変わります。FIREするとしたら、かなりの資金を高配当株（→P48）に投資する必要があるでしょう。でも、株価は日々変動しますから、ずっと高配当である保証はありません。そもそも配当金をださない「無配」の会社もたくさんあります。

 なるほど。投資初心者にはかなり厳しいということですね。

証券
会社が事業資金を得るために発行する権利証のようなもの。

FIRE
Financial Independence, Retire Early の略語。早期に退職（リタイア）して、働かずに自由に生活するライフスタイルのこと。

配当利回り
購入した株価に対して、1年間でもらえる配当の割合を数値化したもの。

株式投資のしくみ

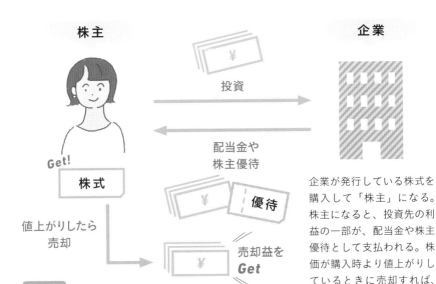

株主

Get!

株式

投資

配当金や
株主優待

優待

値上がりしたら
売却

売却益を
Get

企業

企業が発行している株式を購入して「株主」になる。株主になると、投資先の利益の一部が、配当金や株主優待として支払われる。株価が購入時より値上がりしているときに売却すれば、差額分が利益になる。

メリット

配当金や株主優待のほか、企業の経営に意見できる権利などが得られる。高配当で資産が大きく増えるチャンスも。

デメリット

投資先の業績などによって、配当金が少なくなったり、株主優待の内容が変わる可能性がある。また、株価を予想するのが難しい。

1株の
価格は
変動します

＼ 個別株の種類 ／

上場している会社の株は個別株と呼ばれ、2つに分けられる。

バリュー株

株価が安定しており、暴落する可能性が小さく、本来の価値よりも割安な価格で取引されている銘柄。銀行や製造業など、一般的に知名度が低めな企業に多い。

グロース株

業績が順調にのび、今後の成長を期待できる株。米国の「テスラ」のような新興企業や、ハイテク関連企業などに多い。

初心者がはじめやすい 投資信託

投資信託は、運用を専門家に任せられるので、初心者にもはじめやすいといわれています。

 投資信託とは簡単にいうと「金融商品の詰め合わせ（ファンド）」です！

 というと？

 投資信託は株式や債券、不動産など、さまざまな金融商品がセットにされているんです。販売会社と運用会社、受託銀行が連携して運営しています。商品の選定や運用は、運用会社がおこないます。

 自分ではなにも決めなくていいってことですか？

 ファンド自体は自分で選ぶ必要があります。比較的初心者向きなのはインデックスファンド（→右ページ）です。

 リターンはどうなりますか？

 パッケージ内にある金融商品のうち、どれにどのくらい投資するのか、ファンドマネジャーが割合を決めます。この割合に応じて、リターンが分配されます。

販売会社
投資信託の販売や支払いの窓口となる会社。証券会社や銀行、郵便局などが該当する。

運用会社
投資信託の運用を委託されている会社。投資信託委託会社（ファンドマネジャーのことを指す場合もある）とも呼ばれる。売買の指示や運用報告書の発行などをしている。

受託銀行
投資信託で預かった資金の管理をおこなう。運用にはかかわらないが、指示にしたがって売買を実行する。

専門家が運用をおこなう

運用会社が投資家から少額を集め、それを元手にファンドマネジャーが分散投資をおこなう。投資家にはその運用益の一部が分配される。売却すれば、値上がり益が得られる。

投資家

分配金

投資

値上がりしているから
売却しよう

ファンドマネジャー

メリット

運用をプロに任せることができ、少額からでもはじめやすい。

デメリット

運用・管理に手数料と税金がかかってしまう。プロが運用しても、必ずしもうまくいくとは限らない。

投資信託

ファンドは主に2つに分けられる

ファンドは基本的に下記の2つの種類に分けられる。

初心者にオススメ

1 インデックスファンド

市場平均に連動しているファンド（例：日経225やTOPIX）。平均的な値動きになるため、比較的予測がしやすく、手数料がおさえやすい。

目利きに左右される

2 アクティブファンド

プロが目利きして、市場平均を上回る値動き（ハイリターン）を目指すファンド。その分リスクも高めで手数料も高い。

投資信託の仲間
ETF と REIT

ETF は投資信託の一種。不動産による投資（REIT）
も近年注目されています。

 ETF は、ふつうの投資信託とはなにが違うんですか？

 証券取引所で取引することができるようになっています。上場するための要件をクリアした商品ですから、より厳選されたものといえるでしょう。

 その分、手数料が高くなりますか？

 長期的に投資するのであれば、インデックスファンドよりもコストが安くなることがありますが、選ぶファンドで変わりますから、一概にはいえません。

 REIT ってあんまり聞いたことがないような。これも投資信託の仲間ですか？

 そうです。REIT は不動産投資信託とも呼ばれています。これも証券取引所で取引されるのですが、**投資法人**が中心となり、不動産への分散投資をおこないます。運用のリターンとして、分配金や売却益が受け取れます。

ETF
Exchange Traded Funds の略。「上場投資信託」という意味で、証券取引所で取引されている投資信託を指す。

REIT
Real Estate Investment Trust の略。オフィスビルやマンションなど、投資家から資金を集めて不動産に投資をおこなう。

投資法人
投資家から集めた資金で運用した投資信託の収益を、投資家に分配する法人。実際の運用や資産の管理は委託会社に任せる。

ETFとREITの特徴

ETF

証券取引所で購入をする。投資信託と同じようにプロに運用してもらい、分配金を受け取ったり、売却して値上がり益を得る。

上場投資信託

取引

証券取引所　　　　　私たち

メリット
ETFは上場要件を満たしている金融商品のため、商品の質が高い。インデックスファンドよりもコストが安くなることがある。

デメリット
分配金が自動的に再投資されない。つみたてNISA（→4章）で取り扱いができない。

REIT

通常の投資信託よりもハードルが高めです

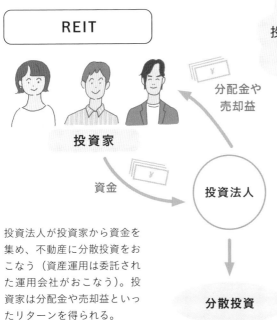

投資家

分配金や売却益

資金

投資法人

分散投資

投資法人が投資家から資金を集め、不動産に分散投資をおこなう（資産運用は委託された運用会社がおこなう）。投資家は分配金や売却益といったリターンを得られる。

メリット
個人では投資できない物件へ投資ができる。利回りが高めで、運用はプロに任せることができる。

デメリット
REITに含まれる物件のよしあしを判断するのが難しく、元本割れのリスクがある。不動産自体は保有できない。

金（ゴールド）、債券、FXについて知る

金や債券は安定した資産として人気。FXは大きな利益が得られる可能性がありますがリスクも大きいです。

 金（ゴールド）も金融商品の1つです。毎月コツコツ積み立てる純金積立が一般的ですが、投資信託もありますよ。金は価値がなくなることはありませんから、安心感があると思います。

 債券はどうですか？

 債券も安定性があるといわれていますね。個人向け国債は元本を下回ること（元本割れ）がなく、最低金利が保証されているのが特徴です。ただ、安定性がある分、お金がドンッと増えることはありません。

 "億り人"にはなれなさそうですね。夢があるのは、FXでしょうか？

 FXはレバレッジを使えば膨大なお金を動かすことができ、一攫千金のチャンスはあるかもしれません。ですが、正直ギャンブルに近いので、投資初心者はやめておきましょう！　ちなみに仮想通貨も予測困難なので、オススメできません。

個人向け国債
国が発行する債券で、1万円から購入できる。変動10年、固定5年、固定3年の3種がある。半年に1回利子が支払われ、元本は満了時に償還（返却）される。

FX
Foreign Exchangeの略語。外国為替証拠金取引という。

レバレッジ
保証金とした金額の、最大25倍の金額で取引をすることができる。たとえば、保証金10万円なら、10万円×25倍＝250万円分の取引ができる。

仮想通貨
インターネット上の取引で対価として使用できるもの（暗号資産）。代表的なのはビットコインやイーサリアム。

それぞれの特徴をチェック！

金

金を購入して、購入時と売却（換金）時の差額を利益とする。銀行や一部の証券会社などで取引可能。

メリット

資産価値が0になることはない。世界情勢が不安定なときに、価格が上がりやすい。

デメリット

利息がつかない。価格が下落して元本割れになることがある。

債券

国や企業が発行する債券を購入し、満了時に元本と利息を受け取る。

メリット

預金よりも高めの金利。個人向け国債は元本割れのリスクがなく、1年経過すれば中途換金・解約が可能。

デメリット

利息はそれほど高くないので、資産が増えにくい。

FX

米ドルやユーロなどの外貨を購入し、売却時の差額で利益を得る。

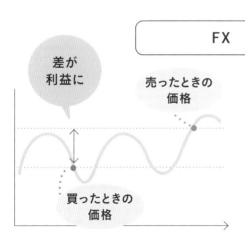

メリット

レバレッジを活用すれば自分の資金よりも多額のお金を動かすことができ、資産を大きく増やせる可能性がある。手数料が割安。

デメリット

予測が困難でギャンブル性が高く、リスクが大きい。投資初心者には危険。

比較してみよう！

金融商品によって
リスク・リターンも変わる

リスクとリターンには、金融商品ごとに大まかな傾向があります。

「リスクはできるだけ小さく！ リターンはできるだけ大きく！」と考える人は多いのではないでしょうか。残念ながら、そんな夢のような商品はありません。

ここまでさまざまな金融商品を紹介しましたが、金融商品のリスクとリターンは一様ではありません。右ページの図は、金融商品のリスクとリターンの一般的な傾向のイメージです。リスクとリターンは比例関係にあることがよくわかります。高いリターンを期待するなら、リスクも大きくなるのです。

債券や投資信託、株式にもそれぞれ細かな分類があり、運用方法でリスクとリターンはさらに変わってきます。投資するときには、これらを念頭に置いて慎重に選択するようにしましょう。

[さまざまなものから、情報収集しよう]

☑ 投資について
　紹介する動画

例 YouTube

! 情報の
" 裏 " を読む

広告や宣伝のための情報発信もある。「どんな意図で発信された情報なのか」も考えてみよう。

☑ 新聞

☑ 書籍

など

投資を勉強するときは、さまざまな視点からの情報を収集しよう。1つのものを参考にすると、偏った考え方になり危険なことがある。

リスクとリターンは比例する

リターン

（大）

グラフは
ざっくりとした
イメージです

FX

株式

投資信託

債券

預貯金

リスクが大きいほど、高いリターン
が得られる可能性がある。

リスク

（小）　　　　　　　　　　　　　　　　　　　（大）

ローリスク・ハイリターンはない！

リスクと
リターンは
必ず
比例します

ローリスクなら…
＝
ローリターン

預貯金や債券は安定性
があり、基本的にはロ
ーリスク。その分、リ
ターンは少ない。

ハイリスクなら…
＝
ハイリターン

株式やFXはハイリス
クハイリターン。投資
信託は含まれる金融商
品により差がある。

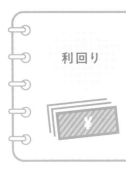

利回り

利回りの考え方を
おさえよう

「お金がいくら増えるのか」の目安になるのが利回りです。投資前に利回りの基本をおさえましょう。

 投資は「高配当」だとお金が多くもらえると聞きました。高配当って具体的には何%からですか？

 だいたい利回り3〜4%以上が高配当と呼ばれています。年利3%で元本100万円としたら、単純計算だと、1年で100万円の3%分。3万円が利益となります。

 3%以上のものにどんどん投資したら、早くお金が増えていくと考えていいんですか？

 と、思いたくなるんですが、金融商品の利回りは変動するものです。最初3%だったとして、社会的な要因や投資先の業績などによって、あとから1%になったり、0になったりすることもあり得ます。

 利回りはお金の増え方の目安にはなるけど、ずっと続く保証はないと……。

 そうです。金融商品は利回りが大きいほど、その変動のリスクも高くなります。

高配当
配当に対する利回りが高く、配当金が多く受け取れる株式のこと。

利益
基本的には投資による利益は20.315%課税されるため、利回りによる利益がそのまま手もとに残るわけではない。

目標利回りとリスクの関係

目標とする利回りを得るためには、それに応じたリスクがある。

小 ← リスク → 大

利回り
2%未満

大きなリターンは得られないが、値動きの幅が小さいので、リスクの小さい安定志向の運用。

利回り
2%以上5%未満

リスクの低い商品と高い商品を、バランスよく組み合わせた運用が必要となる。

利回り
5%以上

変動のリスクが大きいが、その分リターンが大きいものを中心に積極的に運用する必要がある。

目標金額から
必要な利回りを
シミュレーションできる
WEBサイトも
ありますよ！

［例］SMBC日興証券

お金が2倍になるまでにかかる年数をみる

72 ÷ 利回りの値 ＝ お金が2倍になるまでにかかる年数

元本が2倍になるまでの大まかな年数は、「72」を利回りの値で割ることで、知ることができる（72の法則と呼ばれる）。

［例］利回り3%なら…
72 ÷ 3 ＝ 24年

投資用
口座

取引するための
口座を開設しよう

投資をおこなうためには、投資用の口座が必要です。
証券会社や銀行などで開設できます。

投資をするためには投資用の口座が必要
で、右ページのような種類があります。

確定申告の必要があるか・ないかで大き
く分けられるんですね。

基本的には投資で利益を得たら、確定申
告が必要です。しかし、「特定口座・源
泉徴収アリ」を選択すると、金融機関が
税金を計算して差し引いてくれるので、
確定申告不要となります。

「特定口座・源泉徴収ナシ」と、「一般口
座」の違いはなんですか？

前者は税金の計算まではしてもらえま
す。後者は計算も自分でして、確定申告
をおこなう必要があります。

それなら、計算も確定申告も不要の「特
定口座・源泉徴収アリ」がよさそう。

そうですね。ちなみに特定口座と一般口
座は併用可能です。

確定申告不要
確定申告はしなくても
よいが、配当控除（→
右ページ）を受けたい
など自分が希望する場
合に確定申告をするの
はかまわない。

050

投資用口座の種類

**初心者に
オススメ**

投資用の口座には、下のいくつかの種類がある。
比較検討して選択しよう。

確定申告が不要

↓

特定口座
源泉徴収アリ

配当金などの運用益にかかる税金
を自動的に徴収してくれ、自分で
確定申告をする必要がない。

**NISA をするには、
NISA 口座が必要**

NISA をする場合には、
新たに NISA 口座を開設
する必要がある。特定口
座や一般口座での取引は
非課税にはならないので
注意。

⇒ P112-117

**初心者は
確定申告不要が
ラクです**

確定申告が必要

↓   ↓

特定口座
源泉徴収ナシ

運用益にかかる税金
の計算は金融機関が
するが、確定申告は
自分でする。

一般口座

運用益にかかる税金
の計算と確定申告の
両方を自分でしなけ
らばならない。

確定申告と課税方式

確定申告の際、運用益の課税方式は「総合課税」
と「申告分離課税」のどちらかを選択する。方
式によって税率や受けられる控除などが異なる。

	総合課税 （配当の場合のみ 選択可）	申告分 離課税
課税率	所得税として： 約5～45% （課税所得に 応じて異なる） 住民税として： 10%	所得税として： 15.315% 住民税として： 5%
配当控除 （配当金に対して 一定額が控除される）	○	×
損益通算 （複数の口座の利益と 損失を合算する）と 繰越控除 （損失分を翌年以降の利益 から差し引いて計算する）	×	○

投資のおける分析の基本

これだけは覚えたい 指標・分析用語

投資をするときによくでる基本的な用語を紹介します。

投資をしていると、いろいろな専門用語がでてきて困惑することも多いと思います。最初からすべてわかる人はなかなかいませんから、焦らなくて大丈夫です。下には利回り以外でおさえておくべき指標をまとめてみました。まずはこれだけ覚えておきましょう。金融商品の資産価値を考えるのに役立ちます。

皆さんがいちばん気になるのはど

んな金融商品が「買い」なのかだと思います。それを分析するために「ファンダメンタルズ分析」と「テクニカル分析」があります（→右ページ）。プロはどちらも駆使しますが、投資初心者はまずはファンダメンタルズ分析で十分です。『決算投信』や『会社四季報』などで投資先の情報を集めましょう。ネットで公開しているところもあります。

指標の用語4選！

1 PER（株価収益率）
⇒ 基本的には低いものがねらい目

株価÷EPS（1株当たりの純利益）。利益に対して、株価が割安か割高かがわかる。PERが低いと割安、高いと割高。日本の平均は15倍程度。

2 PBR（株価純資産倍率）
⇒ 基本的には低いものがねらい目

株価÷1株当たりの純資産（全資産－負債）。株価が資産価値よりも割安か割高かがわかる。1倍以下だと割安とされる。

3 EPS（1株当たりの純利益）
⇒ 基本的には高いほうがよい

当期純利益÷発行済株式総数（発行している株式の数）。1株当たりの利益がどれくらいあるかを示す指標。高いほど1株の利益が大きいとされる。

4 ROE（自己資本利益率）
⇒ 8〜10％以上あるのが理想

当期純利益÷自己資本×100。自己資本によって得た利益の割合を示す。8〜10％以上あるのが理想的。

分析方法は2種類ある

\ 決算書などで読みとる /

ファンダメンタルズ分析

「決算短信」などの決算書やHPを見て、業績や財務状況をもとに投資先の企業を分析・予測する。

[例] 決算短信

check!

☑ 業績　　☑ 自己資本比率
☑ キャッシュフロー
☑ 業績の予想　　など

決算短信は
情報が早いので
オススメです

\ チャートから読みとる /

テクニカル分析

チャートを分析し、今後の値動きの動きを予測する。

※株式の場合。

— 株5週 — 株13週 — 株26週

移動平均線

一定期間の株価の平均。26週移動平均線なら過去26週間内の平均となる。

ローソク足

1本が1週間（もしくは1日）の値動きの幅を示す。陽線は株価の上昇、陰線は株価の下落となる。

陽線　　陰線

高値

終値　　　　　　　始値
始値　　　　　　　終値

安値

出来高

期間内に取引された株の総数。

Q 投資詐欺にひっかからない
方法はありますか?

A 詐欺でよく使われる
フレーズがでたら要注意です。

「勉強しなくても、ラクして稼げる投資」があったら、どうしますか。いいなぁと思った皆さんは要注意! 投資詐欺はこうした気持ちを巧妙にあおり、お金を騙し取ろうとするものです。「君だけに特別に教える」「高利回り・高配当」など、投資詐欺で使われる勧誘フレーズがでたら「詐欺かも」と疑いましょう。この類の詐欺はいつの間にか配当がもらえなくなり、連絡がつかなくなるといったことが多いです。

また、「人がよいと言っていたから」という理由で投資するのも絶対NG。投資先は必ず自分が勉強したうえで決めてくだ

さい。

うまい話には裏があるもの。着実に資金を増やすなら、一攫千金をねらうよりも、資産運用でコツコツ増やしていくことを目指していきましょう。

**よく詐欺に使われる
フレーズ**

☑ 君だけに特別に教えるよ

☑ 高利回り・高配当だ

☑ 元本は必ず保証

☑ 名前は言えないけど、
　有名人もやってるよ!

☑ まだ、ほとんど誰にも
　知られていない
　未上場ファンドだよ

第 3 章

投資に必要な
元手のつくり方

「投資したいけど、お金がない……」。そんな人も大丈夫！
元手をつくるコツがあります。

家計の見直しと
ポイ活でも
結構増やせるよ

元手

余裕資金を元手にするのがベスト！

「投資をするにはいくら必要？」と悩む人は多いと思います。まずは元手の考え方を覚えましょう。

 投資するには100万円とか、大きな額を用意しないとダメですか？

 元手は少額でもかまいません。コツコツ積み立てていけば、複利効果（→P36）で少しずつ増えていきます。自分が毎月いくらならだせるのかを決めましょう。

 それなら、すぐにでもはじめられそう！よかった〜。

 ただし、当面使う予定のないお金「余裕資金」からだせる場合に限ります。生活資金を切り崩すのは絶対NGです。

 余裕資金がないときはどうしたら……。

 生活費の"ムダ"を見直すか（→P58〜63）、プラスの収入を得る方法を考えてみましょう。学生ならアルバイト、専業主婦（夫）の方はパート勤務、会社員の方は副業などがあります。すでに元手がある人も、これらを実践すれば投資資金を増やせますよ。

余裕資金
資産のうち、自分の生活費（これから支払う予定のあるお金も含む）と、急な出費があるときのために残しておくお金を除いたお金のこと。

副業
本業以外にお金を稼ぐ仕事のこと。企業によっては禁止しているところもある。就業規則で確認しよう。

あなたの余裕資金はいくらある？

投資の元手は余裕資金からだす。まずは自分の余裕資金を知ることからはじめよう。

支出がわからない人は P60 へ

　　　　　－　　　　　　　＝

　　　円　　　　　　　　円　　　　　　　　円

手取り　　　　　　**支出**　　　　　　**残りのお金**

投資の元手は
少額でも
かまいません

Check!

☑ 手取りの
　２割分ある？

　　ある　　　　　　　ない

☑ 生活費
　３か月分の
　貯蓄がある？

　　ない　→

**まずは
貯蓄が
オススメ！**

☑ "損をしても
　しかたがない"
　と思える？

すでに貯蓄がある場合は、そのなかから「損をしてもしかたがない」と思える額を元手にしよう。投資に慣れてきたら、金額を上げられるか考えてみる。

　　ある

　　　円

投資の元手に

まずは月の手取りの２割を貯蓄にまわせるように、生活を見直すことからはじめよう。病気やけが、ライフイベントによる出費など、いざというときのために、残しておくお金も必要。最低でも生活費の３か月分は貯めておいたほうがよい。

まずは固定費を
見直してみよう！

支出を見直すとき、まず最初に目を向けるべきなのが
固定費。これを減らすことがいちばん効果的です。

投資の元手をつくるには、第一に生活の
ムダを減らすこと。最初に見直すのは固
定費です。

固定費
住居費や保険料、通信
費、水道や電気といっ
た公共料金など、毎月
支払っている費用。

でも、固定費の"ムダ"って、どうやっ
てわかるんですか？

いい質問ですね。「周りに合わせて、な
んとなく水準を上げている」ものがない
か考えてみましょう。たとえば、住む場
所や、車とか。ムダに気づいたら、まず
はそこから家計を見直します。家が賃貸
なら賃料の安いところに移るのもいい
し、車は買い替えのときに安いものに乗
り換えてもいいでしょう。

それ以外にも見直すときのポイントはあ
りますか？

すべてを節約しようとするのではなく、
「節約できるもの」「節約できないもの」
に仕分けておくといいと思います。保険
料やスマホのプランなど、見直しやすい
ものから手をつけましょう。

1度見直せば、効果はずっと続いていく

［例］月1.5万円節約できたら……

月々の固定費を削れば、節約の効果は長く続き、トータルでみるとかなりの金額を節約することができる。

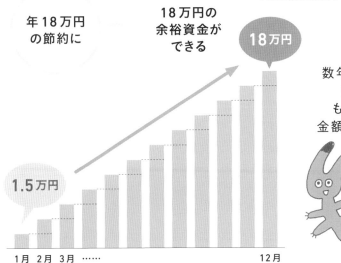

年18万円
の節約に

18万円の
余裕資金が
できる

18万円

1.5万円

1月 2月 3月 …… 12月

数年、数十年と
続ければ
もっと大きな
金額になりますね

削れる固定費がないか考えてみよう

① 住居費

賃貸なら、賃料は月収の30％以内に。高い場合は安いところに引っ越すことで節約になる。自治体の家賃補助がないかどうかも確認してみよう。

② 保険料

不必要な民間保険に加入している場合には解約する。特に医療保険は公的な医療保険と比較して、メリットがあるかを見極める（→P68）。

③ 通信費

使用頻度を減らし、契約プランを変更する。スマホなら格安SIMに乗り換える方法もある。

④ 公共料金

契約プランを変更することで料金が安くなることがある。

⑤ 定額制サービス

「○○放題」といった、あまり使っていないのに加入したままになっているものは解約する。

お金の管理

日々の自分の支出を把握する

支出を把握するためには、家計簿をつけるのがいちばん。ざっくりでもOKです。

　節約をするためには、自分の月々の支出を把握することが大事です。そのためには、「家計簿」をつけましょう。紙に書くタイプももちろんよいのですが、めんどうに感じる人には家計簿アプリがオススメです。レシートを撮影して自動入力してくれたり、銀行口座やクレジットカードと連携できるなど、さまざまな家計簿アプリがあるので、自分が使いやすそうなものを選びましょう。

　まず1か月続けてみて自分の支出の傾向を確認してください。たとえ"ムダ"が多かったとしても、これから見直せばいいだけのことですから、気落ちしなくて大丈夫です。固定費を中心に、節約できる項目を考えましょう。

アプリで一括管理する方法も

家計簿アプリを使うと、収支の計算の手間などが減らせる。

[例]
家計簿 Zeny

簡単な項目別に出費を入力するシンプルな家計簿アプリ。収支を自動計算して、グラフ化してくれる。

[例]
家計簿マネーフォワード ME

クレジットカードや銀行口座などの紐付けが可能。収支を自動計算してくれ、総資産も確認できる。

ざっくりでOK！とりあえず書いてみよう

自分の1か月の支出を、支出の種類ごとに書きだしてみよう。細かくわからない場合は、大まかな金額でも大丈夫。家賃、趣味、スマホの料金など、支出の内容もわかれば記載しておこう。

費目	金額	内容
❶食費	円	
❷住居費	円	
❸水道光熱費	円	
❹被服及び履物	円	
❺交通費・通信費	円	
❻保健医療	円	
❼教育娯楽費	円	

支出合計 　ほかにもあれば書いてみよう　 円

手取り	支出合計	残り
円 −	円 =	円

家計調査によると
1世帯（2人以上）
あたりの
月々の平均消費支出は
約29万円です

▶ 主な費目別の平均支出

費目	2人以上の世帯	単身世帯
❶食費	8万1,888円	4万3,276円
❷住居費	1万8,652円	2万3,322円
❸水道光熱費	2万4,524円	1万3,098円
❹被服及び履物	9,493円	5,280円
❺交通費・通信費	4万1,535円	1万9,344円
❻保健医療	1万4,797円	7,441円
❼教養娯楽費	2万7,619円	1万8,700円
	＋そのほか	＋そのほか
総消費支出	29万865円	16万1,753円

※家計調査結果（総務省統計局）（https://www.stat.go.jp/data/kakei/sokuhou/tsuki/pdf/fies_gaikyo2022.pdf）を基に編集部作成。

クレジットカードの
使い方を見直す

クレジットカードは便利ですが、現金と違って「減り」
がわかりにくく、つい使いすぎてしまいます。

クレジットカードはポイントが貯まる
し、手元に現金がないときも使えて便利
ですよね。ただ、後払いですから、お金
の減りがわかりにくいのが難点です。

この前カードの請求を確認したら、思っ
たよりも多く使っていて、反省しました。

クレジットカードはうまく活用しない
と、意外に家計の足を引っぱります。支
払い予定の金額は必ず確認しましょう。
あらかじめカードで使える予算を自分で
決めておくのもよいと思います。あと
は、支払い方法にも注意しましょう。で
きるだけ分割はやめて、一括払いにして
ください。

どうしてですか？

一括払いと違い、分割払いは返済額に手
数料が上乗せされてしまいます。トータ
ルでみると、より多額を支払うことにな
り、損をしてしまうんです。なので、特
にリボ払いは絶対NGです。

ポイント
三井住友カードのVポ
イントや楽天カードの
楽天ポイント、ドコモ
のdカードのdポイント
など、カードによって
種類が異なる。買い物
のときに現金の代わり
に使えるほか、別の種
類のポイントに変える
ことができるものもあ
る。

手数料
金利（手数料率）と支
払い回数から、支払い
1回ごとの手数料が算
出される。

リボ払い
毎月一定額を返済する
支払い形式。支払い回
数が多くなりがち（→
右ページ）。

使いすぎを防ぐコツ！

支出を減らすために、下の5つのポイントを覚えておこう。

Point ①

使える予算を決めておく

口座残高や月々の収支を確認し、カードで使ってもよい金額を自分で決めて守るよう意識する。

Point ②

使ったときは、記録する

購入金額の記録をつけ、トータルの支払い金額を把握する。家計簿アプリと連携できるものもある。

Point ③

請求書は必ず内容を確認する

請求書や請求金額確認メールがきたら、金額を確認しておく。使いすぎていたら、翌月は控えるなどの調整をする。

Point ④

使うときはできるだけ一括払いに

分割払いは回数が増えれば増えるほど、手数料を多く支払うことになってしまう。できるだけ一括払いに。難しい場合は分割回数を減らせないか考えよう。

Point ⑤

持つなら、厳選した1〜2枚に

たくさん持っていると、支出を把握しにくい。「年会費が安い」「ポイント還元率が高い」「使用頻度が多い」などを考慮して、自分が使いやすい1〜2枚に厳選しよう。

どれにしようかな

リボ払いの"ワナ"に注意

リボ払いは正式にはリボルビング払いといい、毎月の引き落としが定額となる支払い形式のこと。毎月の支払い額と、残りの支払い残高×金利から支払総額が決まる。追加で購入するたびに残高が増え、手数料がどんどん膨らむので注意。

購入金額 ＋ **手数料**

支払い回数が多いほど、支払額が増える

便利だけどデメリットも

キャッシュレス決済の種類と支払い

キャッシュレス決済は支払い日がバラバラになりがちな点に注意です。

　クレジットカードのほか、キャッシュレス決済による支出にも注意しましょう。キャッシュレス決済には右図のようにさまざまな種類があります。クレジットカードなどと紐付ける場合、カードの種類によって、支払い形式も異なるので注意しましょう。ポイ活（→ P66）には欠かせませんが、気軽に使えて「お金が目に見え

ない」ので、使いすぎてしまうデメリットがあります。

　「今どれくらい自分が使っているのか」「それはいつ引き落とされるのか」をきちんと把握したうえで使うようにしてください。明細と引き落とし日は、決済元のアプリや WEB サイトで確認できるようになっていることが多いと思います。

支払い形式を覚えておこう

❶ プリペイドカード	❷ クレジットカード	❸ デビットカード
前払い	**後払い**	**即時**
使用したい金額分を事前にチャージしておく。	一定期間内の購入金額が、後日まとめて引き落とされる。	購入と同時に、購入金額が口座から引き落とされる。

自分の支払い
形式と支払日を
把握しましょう

キャッシュレス決済の種類

カード決済

- クレジットカード
  （例　VISA、AMEX）
- プリペイドカード
  （例　d カードプリペイド）
- デビットカード
  （例　JCB デビット）

カード会社から発行される。カードの種類で支払い方法は変わる。

電子マネー決済

- 交通系電子マネー
  （例　Suica、PASMO）
- 流通系電子マネー
  （例　nanaco、WAON）
  など

交通機関が発行しているものや、お店で発行しているものなどがある。

あなた

商品・サービスを購入したら、購入代金が引き落とされる（引き落としのタイミングは支払い形式で異なる）。

商品・サービスの購入先は決済元や決済代行業者に使用料を支払う。

CARD

¥

商品・サービスの購入先

決済の提供元

コード決済

- QR コード／バーコード
  （例　PayPay、楽天ペイ）

スマホを介して決済をする。事前にチャージしたり、クレジットカードやデビットカードと紐付けて決済する。

＼みんなの 1 回あたりの平均支払額は？／

クレジットカード	2,500 ～ 5,000 円未満
プリペイドカード	500 円未満
デビットカード	2,500 ～ 5,000 円未満
カード型電子マネー	1,000 ～ 2,500 円未満
QR コード決済	500 ～ 1,000 円未満

少額でも積み重なると痛い出費になるので注意しよう。

出典：楽天インサイト株式会社「キャッシュレス決済に関する調査」より一部抜粋

ポイントやマイルを 貯める「ポイ活」のすすめ

買い物をするなら、ポイントやマイルを貯める「ポイ活」を忘れずに。積み重なれば、かなりおトクです。

1回あたりにつくポイントが低くても、積み重ねていけば大きな額になりますから、「ポイ活」はやらなきゃ損です。

還元率が高いものがいいんですよね？

そうですね。そのほうがより早くポイントが貯まって大きな買い物ができます。楽天経済圏が有名ですね。

ポイントを貯めるコツはありますか？

私はネットショッピングでは、ポイントサイトを経由しています。購入先とポイントサイトのダブルでポイントが貯まっておトクです。歩くだけでポイントが貯まるなど、ちょっとしたことで負担なくできるものを利用するといいと思います。

ポイ活の注意点はありますか？

あくまでも節約の基本は現金ですから、ポイントだけではなく、価格の比較検討も忘れないようにしましょう。

楽天経済圏
生活のなかで使うサービスを楽天グループのものを中心にすることで楽天ポイントを効率よく貯め、運用できるサイクルのこと。楽天カードで楽天市場、楽天証券、楽天銀行など、楽天のサービスを利用していくほど、ポイント還元率が高くなる。

ポイントサイト
サイトを経由して、購入先のサイトに入り買い物をすると、ポイントサイトと購入先の両方のポイントが貯まるしくみ（例：ハピタス、楽天Rebates）。

ポイントは至るところでGetできる

ポイントはどこでも貯めることができる。慣れない人は、まずは自分の使用頻度の高いお店やサービスで使えるものからはじめてみよう。

コンビニ

コンビニによって専用のポイントがある。他のポイントと交換できるものもあって便利（例：Ponta、nanaco）。

銀行

給与の受取、定期入金、クレジットカードの利用など、銀行によってはサービスにポイントが付与される。

歩くだけでも
貯まるポイントも
オトクだな

スーパー

ポイント2倍、5倍など、還元率の高くなる日は見逃さない。まとめ買いはそのときにしよう。

交通費

交通系ICカードを使えば移動だけでポイントが貯まることに（例：Suica、PASMO）。

ネットショッピング

クレジットカードの自動引き落としにすれば、クレジットカードのポイントが貯まる。

公共料金

クレジットカードで支払うと、クレジットカードのポイントが貯まる。払い忘れ防止にもなる。

通信費

携帯会社のクレジットカード払いにすると、クレジットカードのポイントが貯まる（例：dポイント、ソフトバンクポイント）。

民間保険の加入は
ホントに必要？

民間の保険に加入するときは、公的保険でカバーできる保障と比較することが大切です。

民間保険の加入を検討する際に意識してほしいのが、**公的な保険と比較したうえで加入すること**です。公的な保険でカバーできる例を右に挙げてみました。

けがや病気で働けなくなったときには、月給の３分の２程度が傷病手当としてもらえるのかぁ。独身なら十分かも。

もしかして、民間保険ってあんまり必要ないんですか……？

もちろん、民間保険のメリットもあります。仕事や家族構成など、ライフプランを考慮して公的保険より手厚くしたい部分があれば、民間保険に加入しましょう。

先生のオススメの保険はありますか？

個人的には都道府県民共済などの掛け金が安くて最低限の保障があるものに加入しつつ、民間のがん保険を検討するのがいいと思います。がん治療は退院したあとも続くので、手厚いほうが安心です。

傷病手当

けがや病気で仕事ができず、収入が減少した際に支給される手当（→右ページ）。

都道府県民共済

厚生労働省の認可を受けている全国生活協同組合連合会が元受団体になり、特定エリア内の組合員がだしあったお金で保障をおこなう。東京都は都民共済、北海道は道民共済、京都・大阪は府民共済。その他は県民共済（神奈川県のみ全国共済）と呼ばれる。

がん保険

がんの治療に特化している保険プラン。入院や手術に対する給付金のほか、再発予防の通院治療に対する給付金が支給されるものもある。特に家系的にがんになりやすい人は、備えとしてオススメ。

公的な保険・保障でカバーできるもの

1 保険診療費の
一部

健康保険が適用される診療は、原則3割の自己負担で済む。75歳以上の後期高齢者の場合は原則1割となる。

2 けがや病気で仕事を
休んだときの手当

けがや病気で仕事ができず、収入が減少した場合は月給の3分の2程度が傷病手当金として受け取れる。

3 医療費が高額なとき
の払い戻し

1か月間の医療費が一定額を超えた場合、超えた部分が払い戻しされる（高度療養費制度→P80）。

民間保険のメリットの例

☑ **差額ベッド代**

個室や少人数の病室（要件あり）を希望した場合にかかる料金。入院日数が多いほど増えることになる。

☑ **手術費、通院費**

手術給付金としてまとまったお金が支給されたり、退院後、治療のために通院する場合に給付金がもらえたりする。

☑ **先進医療の治療費**

「先進医療給付金」では厚生労働省に認可された先進医療を受けた際に給付金を受け取れる。

☑ **保険料が控除対象になる**

保険料は所得控除（→P82）の対象となり、一部を控除できる。

がんになりやすい
家系の人は
がん保険の加入も
検討しましょう

銀行口座も
見直してみよう！

銀行口座の選び方・使い方も見直してみましょう。お金の流れがわかりやすいのも大事です。

病気やけが、ライフイベントによる急な出費に備え、自分の生活費の3か月分は預貯金にまわしておくのがベストです。その大事なお金の預け先である銀行口座についてもきちんと検討しましょう。

金利で選べばいいですか？

もちろん、金利も重要で高いほうがおトクです。それから「使いやすさ」「安全性」もみておくとよいでしょう。

「使いやすさ」は手数料の安さですか？

そうですね。あとは、窓口相談のしやすさや、ネットバンキングや証券口座との連携のしやすさなども挙げられますね。

「安全性」ってどういうことですか？

簡単にいえば、「倒産のしにくさ」です。倒産した場合、預金のうち1,000万円までは払い戻しされ、超えた分は戻らないこともあるんですよ。

ネットバンキング
インターネット上で銀行取引が利用できるサービスのこと。

払い戻し
預金保護制度により、当座預金は全額、普通預金は元本1,000万円とその利息は、銀行が倒産しても払い戻しを受け取れるようになっている（ペイオフ）。外貨預金は対象外。

銀行口座を選ぶときにチェック!

☑ 使いやすさ

店舗やATMの近さ、ネットバンキングの利便性、取り扱いサービス、手数料など、自分に合っているかを確認しよう。

ATMが
近くにあると
いいなぁ

☑ 金利

金利が高いほうが、預金につく利息が大きい。ただし、近年は金利が低く、劇的には増えないことは覚えておこう。

0.003%は
ほしい
かな

☑ 安全性

比較的倒産しにくいと考えられるのがメガバンク。資産が1,000万円を超えるような人には特にオススメ。

資産が
多いなら
メガバンクへ

自分の生活スタイルをふまえて考えよう!

口座を分けるメリットとは?

お金は1つの口座にまとめるよりも、分けていたほうが
お金の流れが把握しやすくてよい。

分けない場合

口座は
1つだけ

⇒ 支出・貯蓄が見えにくい

入るお金と出ていくお金が一緒なので、それぞれのお金の流れが見えにくく、収支が把握しにくい。

分けた場合

生活費の
口座

貯める
口座

基本
おろさない

⇒ 支出内容や貯蓄度がすぐにわかる

口座を分けると、お金の流れが見えるようになり、収支を把握しやすくなる。貯める口座をつくっておくと、使いすぎの防止にもなる。

税金
対策①

ふるさと納税で
控除を受けよう！

ふるさと納税をすると、所得税や住民税の控除を受けられます。やらないと"損"な制度です。

税金を減らすこともお金を増やすための方法の１つ。近年注目されているふるさと納税は地方自治体に寄附し、返礼品として特産品などを受け取る制度です。

所得税や住民税が控除されるんですよね？

そうです。地方自治体への寄附金は所得控除や税額控除（→P82）の対象となりますから、所得税が減らせます。それにより住民税も減税されることになります。2,000円の自己負担がありますが、税制優遇が大きいので、ぜひやってほしいと思います。

税金が控除されて返礼品ももらえるなら、たくさんしたくなりますね。

ただし、限度額があるので、注意してくださいね。限度額を超えると、控除がなくなって、ただの寄附となってしまいます。あと、控除を受けるためにはワンストップ特例制度（→P74）もしくは確定申告の手続きを忘れずにしましょう。

**2,000円の
自己負担**

寄附金のうち2,000円を超える部分が控除されることになるため、実質は自己負担が2,000円といえる。

限度額

所得や家族構成などにより異なる。ふるさと納税のポータルサイトでは、限度額内におさまる寄附金額の目安を算出できるので、利用前に確認しよう。

**ワンストップ
特例制度**

確定申告の必要のない給与所得者などで、寄附先が5か所以内の場合に適用できる制度。

ふるさと納税はなにがおトク?

ふるさと納税は、自分の故郷や好きな地方自治体に寄附をすることができ、所得税や住民税が控除される。

私たち

寄附

返礼品

地方自治体

地方自治体に寄附をすることで、寄附金額の3割程度相当の返礼品を受け取れる。

ワンストップ特例制度(→P74)を活用した場合には住民税で同額が控除されます

ふるさと納税をした年	ふるさと納税をした翌年
所得税の控除	**住民税の控除**

確定申告をすると、寄附金額の2,000円を超えた金額分の所得税と、翌年度の住民税が控除される。

＼ ふるさと納税のサイトはいろいろ ／

さとふる　ふるさとチョイス　ふるなび

ふるさと納税のサイトによって、寄附できる自治体は異なる。自分の好きな自治体や返礼品を探してみよう。

ふるさと納税

「ワンストップ特例制度」を活用しよう！

会社員の方にオススメなのがワンストップ特例制度。申請はとても簡単です。

ワンストップ特例制度は、会社員などの確定申告の必要がない人で、寄附先が5か所以内の場合に活用できる制度です。「寄附金税額控除に係る申告特例申請書」を翌年1月10日までに寄附先に提出すると、翌年度の住民税の控除が受けられます。オンライン申請ができるものもあり、便利です。ただし、医療費控除などとの併用ができないので、他の控除も利用したい場合は確定申告をして控除を受ける必要があります。

ワンストップ特例制度の流れ

寄附先を選ぶ

翌年
1月10日
まで！

ワンストップ特例制度の申請書を寄附先に送付する

翌年度の住民税の控除を受ける

寄附後に必要事項を記入した申請書を寄附先に送付すると、翌年度に住民税が減税される。

寄附先が5か所を超えるとワンストップ特例制度が活用できなくなるので注意。

選べるのは
5か所まで

ワンストップ特例制度の申請書の記入例

記入年月日と寄附先の責任者を記入する

住民票にある住所と連絡のつく電話番号を記入する

氏名・個人番号・生年月日を正しく記入する

寄附年月日（決済日）と寄附金額を記入する

両方ともに✓をつける

申請書は自治体から送られてくることが多いです

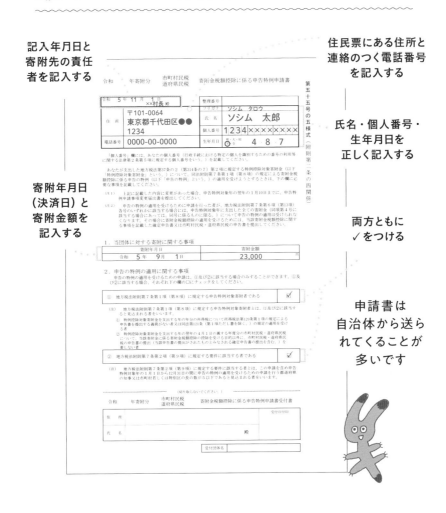

〜〜〜＼ 必要な本人確認書類 ／〜〜〜

✓ マイナンバーカードのコピー

もしくは

✓ マイナンバー通知カードのコピー
（マイナンバー記載のある住民票のコピーでも可）

✓ 運転免許証などの本人確認書類

マイナンバーカードがない場合は、通知カードのコピーと本人確認書類が必要になる。

住宅ローン控除を
正しく理解しよう

住宅ローン控除は法改正により、入居する年で最大控
除額などが変わっています。

 住宅ローン控除は住宅を購入した場合に最長13年間は所得税の節税ができる制度です。控除額は年末のローン残高×0.7%で計算されますが、最大控除額は住宅の種別などで異なります。

 住宅の種別ってなんですか？

 認定住宅、省エネZEH住宅などの省エネ基準適合住宅、一般住宅、中古住宅に大きく分けられます。所得税の最大控除額がいちばん大きいのは認定住宅ですね。違いを右図にまとめてみました。

 家族でそろそろ家を買いたいなという話がでてるんですが、ローンを組むときに注意すべき点はありますか？

 ローンを組むときに賞与も返済にあてるか聞かれると思うんですけど、これはやめておきましょう。不景気になったとき、賞与がなくなる・下がるケースはしばしばあります。月々に一定額を返済していくほうが、なにかあったとき安心です。

住宅ローン控除
住宅ローンを利用して住まいを購入した場合に適用される。ただし、「住宅の引き渡しの日から6か月以内に居住している」「床面積が基準以上ある」などの要件がある。

認定住宅
長期にわたって使用できることが証明されている「認定長期優良住宅」や、低炭素で環境に配慮している「認定低炭素住宅」のこと。

省エネZEH住宅
暖房や冷房、給湯などに使うエネルギーを従来の住宅よりもおさえることができる。

省エネ基準適合住宅
国が定めたエネルギー消費量や断熱性能などを満たした住宅。現在は新築の場合、省エネ適合にすることが義務づけられている。

毎年の控除額の計算方法

1年あたりの控除額は年末時点のローン残高で計算することができる。

ローン残高　　　　　　　　　　　　控除額

万円　　×0.7% ＝　　　　　　　　　円

[例] 新築マンションで3,000万円借り入れした場合　　　控除額

1年目　3,000万円 × 0.7% ＝ 21万円／年

トータルの最大控除額が変わる

控除を受けられるのは入居から13年間。法改正により、
2024年からトータルでの最大控除額がさらに減額される。

入居する年	2022〜2023年	2024〜2025年
認定住宅	455万円	409.5万円
省エネZEH住宅	409.5万円	318.5万円
省エネZEH住宅以外の省エネ基準適合住宅	364万円	273万円
一般住宅	273万円	140万円
中古〈省エネ〉	140万円 〈210万円〉	

早めに
入居したほうが
おトクと
いえます

※基本的には2023年に建築確認を受けた場合に限る。

医療費控除と
セルフメディケーション税制

医療費控除とセルフメディケーション税制は併用する
ことができません。違いを覚えておきましょう。

医療費控除とセルフメディケーション税制は所得控除（→P82）の対象です。確定申告をすると、所得税と住民税が一定額減税されます。医療費控除は医療費が年に10万円（保険等補填を差し引いた額）、セルフメディケーション税制は特定一般用医薬品等の購入が年1万2,000円を超える場合などが対象です。

自分だけじゃなく、家族の分もまとめて計算してもいいんでしょうか？

はい。どちらも生計をともにしている家族であれば合計して大丈夫です。ただ、この制度は併用不可です。両方の基準を満たしていたら、どちらか一方を選択しなくてはなりません。

その場合、どちらを選択したほうがいいんでしょうか？

年間の最大控除額は医療費控除のほうが大きいですから、医療費控除を受けたほうがよい人のほうが多いと思います。

セルフメディケーション税制

特定の医薬品購入に対して、一定の所得控除が受けられる制度。

医療費

診療や治療など、医療にかかる費用。予防や美容関係の費用は含まれない。

特定一般用医薬品

医師から処方される医薬品やドラッグストアで購入可能なOTC医薬品（スイッチOTC医薬品）のこと。OTC医薬品には「セルフメディケーション　税　控除対象」のマークが表示されている。

生計をともにしている家族

遠方に住んでいたとしても、生活費の面倒を見ている場合は同一生計となる。

それぞれの条件や特徴をチェック!

いざというときのために条件を覚えておこう。

	医療費控除	セルフメディケーション税制
条件	● 年間の医療費（同一生計の親族を含む）が年に10万円を超える等	● 年間の特定一般用医薬品等の購入（同一生計の親族を含む）が年に1万2,000円を超える
控除額	● （年間医療費−保険等補填分）−10万円（or所得5%） ● 最大控除額200万円 ［例］医療費が20万で給付金が3万の場合 （20−3）万円−10万円 　　＝控除額7万円	● （特定一般用医薬品等購入費−保険等補填分）−1万2,000円 ● 最大控除額8万8,000円 ［例］購入費が5万円、給付金が5000円の場合 （5万−5000円）−1万2,000円 　　＝控除額3万3,000円
手続き	確定申告（還付申告の場合、申告期限は翌年1月1日から5年間）	
その他のメリット	住民税も節税できる （翌年の住民税が減税される）	

医療費の領収書は
5年間は保管して
おきましょう

最大限に活用を

高額療養費制度を覚えておこう

高額療養費制度は医療費控除と混同されがちです。制度内容をおさらいしましょう。

高額療養費制度は、1か月間の医療費の自己負担額が上限を超えた場合、超えた分のお金の還付が受けられる制度です。保険診療となる医療費が対象で、世帯で合算して計算することも可能です。ただし、共働きなど、別々で健康保険に加入している場合は合算できないので注意してください。また、基本的には申請をおこなってから、受給までは3か月程度かかります。

高額療養費制度は医療費控除もしくは、セルフメディケーション税制と併用可能です。高額療養費制度でお金を払い戻してもらったあと、自己負担額が医療費控除、セルフメディケーション税制の要件を満たしているなら、そちらも申請しましょう。

覚えておくべき4つのポイント

Point 1

上限を超えると、その分のお金が後日戻ってくる

所得に応じて定められた上限金額を超えた分のお金が後日払い戻される。

Point 2

事前申請で窓口の支払いをおさえられることも

事前に申請することで窓口で払う金額を減らせることも。加入先の医療保険に確認しよう。

Point 3

診療を受けた翌月の初日から2年までなら申請できる

還付申請ができるのは2年まで。忘れずに申請しよう。

Point 4

申請先は加入している公的医療保険

制度を利用したい場合は、加入している医療保険での手続きが必要。

高額療養費制度の自己負担上限額

自己負担上限額は年齢と収入によって異なる。年内に3回以上上限に達した場合は、4回目から上限額がさらに引き下げられる（多数回該当）。

69歳以下

適用区分	ひと月の上限額（世帯ごと）
年収約1,160万円〜	252,600円＋（医療費－842,000円）×1% ［多数回該当：140,100円］
年収約770万〜 約1,160万円	167,400円＋（医療費－558,000円）×1% ［多数回該当：93,000円］
年収約370万〜 約770万円	80,100円＋（医療費－267,000円）×1% ［多数回該当：44,400円］
〜年収約370万円	57,600円 ［多数回該当：44,400円］
住民税非課税者	35,400円 ［多数回該当：24,600円］

[例] 年収400万円で医療費が300万円の場合

80,100円＋（300万－267,000）×1%
＝上限額10万7,430円

あなたの区分は？

70歳以上 ※下記のほか、外来だけの上限額が個人ごとに設けられています。

適用区分	ひと月の上限額（世帯ごと）
年収約1,160万円〜	252,600円＋（総医療費－842,000円）×1% ［多数該当：140,100円］
年収約770万〜 約1,160万円	167,400円＋（総医療費－558,000円）×1% ［多数該当：93,000円］
年収約370万〜 約770万円	80,100円＋（総医療費－267,000円）×1% ［多数該当：44,400円］
年収約156万〜約370万円	57,600円 ［多数該当：44,400円］
住民税非課税世帯	24,600円
住民税非課税世帯 （所得が一定以下）	15,000円

[例] 年収400万円で医療費が700万円の場合

80,100円＋（700万円－267,000）×1%＝上限額14万7,430円

※上記の情報は2023年7月時点のものです。

さらに詳しく！
控除について正しく理解しよう

税金と控除の関係について覚えておきましょう。所得控除はまだまだあります。

　個人ができる節税対策としては、所得税の節税をするのがいちばんです。そのためには、所得控除もしくは税額控除を受けることになります。所得控除は給与所得から差し引かれるのに対して、税額控除は課税所得から算出される所得税から差し引かれるもので、分類が異なります。

　多くの人は基本的に所得控除を活用することになると思います。税額控除はローン控除などの住宅関連の控除や配当控除のほかは、適用対象が特殊なケースが多いからです。

　所得控除は会社員の場合、条件に当てはまるものがあれば年末調整で申請すると控除を受けられます（例外あり）。自分に当てはまるものがないか、右表を確認してみましょう。

所得控除と税額控除

３段階の控除を経て、実際に支払う所得税が決まります

※会社員の場合。

給与所得から差し引くことのできるもの。本人や家族の個人的事情に応じて税負担を軽くするための控除。

給与額面収入

給与所得控除

給与所得

所得控除

超過累進課税率をかける

課税所得

課税所得から算出した所得税から差し引くもの。

所得税

税額控除

所得税

額面給与から経費分として差し引かれる。差し引かれる額は給与額によって異なり、会社が算出する。

実際に納税することになる所得税。

📖 所得控除の一覧表

●は要確定申告

控除名	対象	所得税の計算による最大控除額
●雑損控除	災害や盗難、横領による損失	損失額（時価）や それによる支出による
●医療費控除／ ●セルフメディケーション税制	自分や同一生計の親族の医療費が年10万円を超える等／特定一般用医薬品等の購入が年12,000円を超える	200万円／ 8万8,000円
社会保険料控除	年金や健康保険料を支払っている	支払い金額の全額
小規模企業共済等掛金控除	小規模企業共済やiDeCoなどの掛け金を支払っている	支払い金額の全額
生命保険料控除	生命保険料や介護医療保険料、個人年金保険料を支払っている	12万円
地震保険料控除	旧長期損害保険料（要件あり）や地震保険料を支払っている	5万円 （長期損害保険は1万5,000円）
●寄附金控除	ふるさと納税や特定の寄附をおこなったとき	寄附額から2,000円を 差し引いた額（上限あり）
障害者控除	自分や同一生計の配偶者、扶養親族に障害（要件あり）がある	一般：27万円／特別：40万円 ／同居特別75万円
寡婦控除／ ひとり親控除	自分が寡婦／ひとり親	27万円／35万円
勤労学生控除	自分が勤労学生で一定の所得以下	27万円
配偶者控除／ 配偶者特別控除	年間の給与収入が103万円以下の配偶者がいる／年間給与収入が103万円超え201万円未満の配偶者がいる（各要件あり）	38万円 （70歳以上は48万円）／ 38万円
扶養控除	配偶者控除で16歳以上の給与収入103万以下の扶養家族がいる場合など	38〜63万円
基礎控除	合計所得2,500万円以下(2,400万円超えの人は控除が減額)	48万円

年収を上げるためにできること

お金を増やすために本業の収入を上げることも大事です。増えた分を資産運用にまわします。

 お金を増やすためには、本業の収入UPを目指すことも重要です。**増えた分は貯蓄や投資資金にまわしましょう**。右図に年齢・性別平均年収を示しました。

 うーん。僕は平均よりやや低いみたいです。でも、収入を上げるといっても、なにをすればいいのかわかりません……。

 たとえば、資格を取得するのも1つの方法です。会社によっては資格手当がついたり、昇給につながることもあります。あとは年収の高い仕事に転職するのもありますね。

 資格取得や転職以外にも方法はありますか？

 会社員の場合は勤めている会社にもよりますが、副業（→P184）をするという選択肢もあります。副業はアルバイトでも全然OK。単発の仕事でもいいですから、本業の負担にならない程度のものでコツコツ稼ぐというのがいいと思います。

資格を取得
厚生労働省では、有料ではあるものの在職者向けのハロートレーニング（在職者訓練）を実施している。訓練は厚生労働省のWEBサイトから検索することができる。

年齢・性別による平均年収

平均年収は男女で差があり、年齢別でも異なる。全体では約300万円となる。

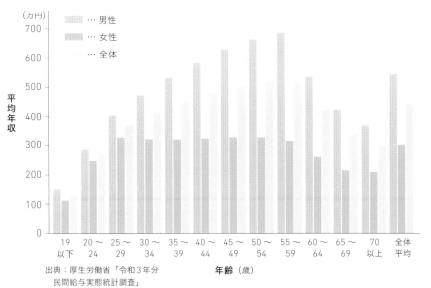

（万円）

700
600
500
400
300
200
100
0

平均年収

…男性
…女性
…全体

19以下　20～24　25～29　30～34　35～39　40～44　45～49　50～54　55～59　60～64　65～69　70以上　全体平均

年齢（歳）

出典：厚生労働省「令和3年分
民間給与実態統計調査」

60歳未満までは
だんだん
高くなりますね

私の年齢なら
約300万円かぁ。
転職しようかな

年収を上げるには……

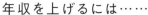

現職でがんばる　→　**資格をとる**

資格取得による昇給や
副業による副収入を目
指す。

→　**副業をする**

転職する　今よりも年収の高い会社へ転職する。転職活動は会社を
やめずに、有給をとって合間におこなおう。

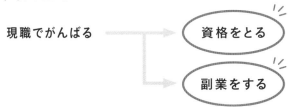

Q インターネットフリーマーケットでも稼げるんでしょうか？

A ビジネス目的だと、課税対象になるので気をつけましょう。

メルカリなどのインターネットフリーマーケットを活用したことがある人は多いと思います。いらない物を売ることで、おこづかいになるのはたいへん魅力的ですね。「物を安く買って高く売れば、収入が増えるのでは？」と考えることがあるかもしれませんが、注意が必要です。

フリマで得た収入は基本的に非課税ですが、これは取引対象が家具や家電、衣類といった「生活に通常必要な資産（動産）」の場合に限ります。つまり、あくまで生活に不必要な物を処分する場合に非課税なのです。これを「稼ごう！」とビジネスにした場合は課税対象となってし

まいます。加えて、中古品の転売ビジネスは許可が必要になります。

また、1個当たりの時価が30万円を超える物も課税対象になることを覚えておきましょう。たとえば、使わない宝飾品や高級時計を売却した場合などが考えられます。

いらない物があるなら、売っておこづかいにするのはよいと思いますが、インターネットフリーマーケットで「稼ぐ」というのは、あまりオススメはできません。なお、ビジネス目的で売却して得た儲けが20万円を超える場合は、雑所得等として確定申告が必要になります。

第4章

NISAについて知ろう!

資産形成の強い味方となるのが「NISA制度」です。
ただ貯めるより、お金が増える可能性大!

早くはじめて
お金を
育てていこう

NISAの基本①

NISAって どんな制度なの?

これから投資をはじめるなら、少額でできて非課税の NISAが絶対にオススメです!

 「生活のムダも見直したし、節税対策もバッチリ! さぁ、投資をはじめよう」という人に、まずしてほしいのがNISAです。私もやっています。

 老後の資金を稼ぐのにもいいと聞いたことがあります。どんな制度なんですか?

 NISAは個人投資家向けの少額投資非課税制度のこと。通常、投資で得た利益には20.315％の税率で税金がかかりますが、NISAを活用すると、一定の期間内運用益が非課税になるんです。

 利益がそのまま受け取れるんですね。それは嬉しい……!

 資産を投資で増やす方法として、いちばんオススメです。2023年現在、NISAには「一般NISA」「つみたてNISA」「ジュニアNISA」の3種類があり、はじめるときにはどれかを選択し、NISA口座を開設する必要があります(→P108)。

NISA
イギリスの株式や預金などを対象とする資産形成支援制度であるISA(Individual Savings Account＝個人貯蓄口座)をモデルにしており、Nippon Individual Savings Accountの略語。日本版の個人貯蓄口座という意味。

運用益
金融商品の保有によって得られる利益と、値上がり時に売却して得られる利益のこと。

ジュニアNISA
ジュニアNISAの対象は18歳未満。開設しても、運用は親や祖父母などの親族がおこなうことになる。18歳以上はつみたてNISAか一般NISAの2択になる。

非課税ってどういうこと？

[例] 運用益が10万円のとき

通常の投資の場合

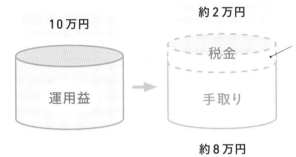

10万円

約2万円

税金

運用益

手取り

約8万円

**20.315％は
税金で引かれる**

株や投資信託など、投資で
得た利益から20.315％が
税金として引かれる。

NISAの場合

10万円

10万円

運用益

＝

手取り

**非課税期間内なら、
運用益すべてが
収入に**

NISAでは一定期間内であ
れば運用益が非課税とな
り、そのまま受け取れる。

2023年12月まで使えるNISAは3種類

①

一般NISA

対象は18歳以上の
人。つみたてNISA
よりも自由度が高
く、短期間の売買で
利益を得たい人向け
（→P90）。資金の
引き出しは自由。

②

つみたてNISA

対象は18歳以上の
人。一定金額（上限
あり）を積み立てて
運用していくNISA。
長期投資をする人向
け（→P90）。資金
の引き出しは自由。

**併用
不可**

③

ジュニアNISA

対象は未成年（18
歳未満）。運用する
のは親や祖父母な
ど、加入者本人の二
親等以内の親族。本
人が18歳になった
ときに運用益を受け
取ることができる。

つみたてNISAと
一般NISAの違いは?

つみたてNISAか一般NISAかを選ぶために、まずは2つの特徴を理解することが大切です。

はじめるならつみたてNISAと一般NISA、どちらがいいんでしょう?

お金を増やす目的や運用スタイルを考えて決めましょう（→右ページ）。つみたてNISAは年間投資枠は少ないですが非課税期間が長く、一般NISAは年間投資枠が多い一方で非課税期間が短いです。

投資できる商品も違いますね。つみたてNISAは安定した投資信託中心だけど、一般NISAは上場株式など、ちょっと冒険ができそうなかんじ。

老後の資金をコツコツ増やしていきたいなら、つみたてNISA。少しリスクはあっても、直近でまとまった額を得ようとするなら、一般NISAというイメージでしょうか。

そうですね。なので老後資金が目的なら、つみたてNISAでOKです。短期間で車や住宅購入の資金を得ることが目的なら一般NISAが向いていますね。

年間投資枠
1年間で購入することのできる金額の上限。年間40万円の場合、金融商品を1年で40万円分購入可能ということ。

直近でまとまった額
ハイリターンの商品にも投資できる一般NISAの場合、うまく運用できればお金を短期的に増やすことができる可能性がある。

2つのNISAの特徴をチェック！

つみたてNISAと一般NISAを比較してみよう。

	つみたてNISA	一般NISA
年間投資枠	40万円	120万円
非課税期間	20年 購入した年 ここから課税 非課税 **20年**	5年 購入した年 ここから課税 非課税 **5年**
非課税保有限度額 （非課税枠）	800万円 ※2023年開始の 場合は実質40万円	600万円 ※2023年開始の 場合は実質120万円
投資できる 商品	金融庁の基準を満たした ● 投資信託 ● ETF（→P42） 金融庁が厳選した長期の積立・分散投資に適した一定の投資信託。現在の対象はおよそ230本。	金融庁の基準を満たした ● 上場株式 ● 投資信託　● ETF ● REIT（→P42）　など 上場株式などハイリスク・ハイリターンの投資商品も購入可能。
向いている人	● 長期的な運用をして 　老後資金をコツコツ 　増やしたい人 ● 少額で投資したい人	● ある程度のリスクが 　あってもよいと思え、 　短期間でまとまったお 　金がほしい人

「少額からはじめたい」
「コツコツ増やしたいなら」
断然つみたてNISAがオススメです

NISAと株、
投資信託を比べてみる

NISAと一般的な投資を併用することも可能。それぞれの特徴を比較して理解を深めましょう。

 投資をするなら、NISAだけをしていたほうがいいんでしょうか？

 投資初心者のうちは、NISAだけでいいと思います。NISAも投資ですから、「絶対に損をしない！」「お金が倍になる！」とはいいきれませんが、長期的にみれば、ふつうの投資よりは課税されない分、利益が得られる可能性が高いです。

 NISAで安定的な運用をしつつ、ふつうの投資で冒険してみるというのはアリですか？

 資金に余裕がある人はいいと思います。比較的はじめやすい投資信託、リターンを期待するなら株式投資があります。でも、NISAもそうですが、チャレンジするなら投資について勉強しておきましょう。気持ちだけで行動するのはNGです。損をするリスクが上がります。

 なるほど。じゃあ私はまずはNISAだけにしておきます！

投資信託
株式や債券、不動産など、さまざまな金融商品がセットにされている投資商品（→P40）。

株式投資
企業が発行する「株式」を購入して株主になることで配当金を得たり、株価が上がったときに売却して利益を得る投資方法（→P38）。

投資について勉強
その金融商品の投資のしくみなど、基本的な知識をおさえるのはもちろんのこと、投資する個々の商品の情報を集めてから、投資するか・しないかを判断しよう。「人がいいと言っていたから」と購入するのは絶対にダメ。

NISAと比較してみよう

それぞれの特徴を
おさえ
ましょう

投資信託、株とNISAを比べて特徴を理解しよう。

	NISA	投資信託	株
初心者への オススメ度	◎ 投資初心者向けの投資制度。投資できる商品は金融庁が選定しているため、比較的リスクが小さい。	○ さまざまな種類の商品がセットになっているため、リスク分散がしやすく、初心者でもはじめやすい。	△ 個別の株を自分で判断して運用するため、大きなリターンが期待できることがあるが、リスクも大きめ。
投資できる 商品	● つみたてNISA 投資信託やETF。 ● 一般NISA 上場株式や投資信託、ETFなど。	投資信託運用会社がつくった商品のセット（投資信託）から、自分に合ったものを選んで投資する。	企業への出資として個別株を購入する。基本的に株を購入するときは最低100株からとされている。
運用の ポイント	基本的には長期的な運用をおこなう。値下がりしても売却しないでおく。	できるだけ手数料が低くなるものに投資する。	すでに最高値となっている株より伸びしろのあるものに投資したほうがよい。
メリット	非課税期間内は運用益に税金がかからない。	運用をファンドマネジャーというプロに任せることができる。	短期的な投資でも資産が大きく増える可能性がある。
デメリット	運用益で損失がでても、特定／一般口座（→P50）の黒字と相殺できない。	運用・管理に手数料と税金がかかる。	投資先の業績などによって、配当金が少なくなったり、株主優待の内容が変わったりすることも。

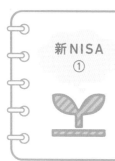

新NISA
①

2024年からスタート！新NISAとは？

2024年から運用が開始される新しいNISA（以下、新NISA）の特徴をおさえましょう。

 先ほど説明した現行NISAは2023年いっぱいで廃止され、代わりに2024年から新NISAがはじまります。

 新NISAがスタートすると、現行NISAはどうなるんですか？

 現行NISAの口座は残りますが、新たに投資することはできません。非課税期間が終了する前に「売却」か「別の証券口座に移す」ことが必要です（→P102）。

 新NISAでなにが変わるんですか？

 大きな変更点としては、非課税期間が無期限となり、投資できる金額も増えます。右ページにポイントをまとめてみたので、見てみてください。

 投資による資産運用がしやすくなったということでしょうか。

 そのとおり。投資でお金を増やす手段として、かなり強い味方となりますよ。

現行NISA

2023年まで実施している「ジュニアNISA」「つみたてNISA」「一般NISA」のこと。新NISAに対して旧NISAともいう。

新NISAのポイントをチェック

新NISAで特に注目すべき、5つのポイントを覚えよう。

1

非課税期間の
無期限化

これまでのNISAの非課税期間は
つみたてNISAなら20年、一般
NISAなら5年。それ以降は課税
対象となったが、2024年からは
じまる新NISAは非課税期間が生
涯続く。

▶P96

2

つみたて投資枠と
成長投資枠の導入

これまでのNISAは長期投資向け
のつみたてNISAか、短期的な投
資向けの一般NISAのどちらか一
方しか選べなかった。新NISAで
はこの2つの代替となる投資枠が
導入され、併用できる。

▶P98

3

年間投資枠の
拡大

新NISAは年間の投資枠が引き上
げられる。投資枠が拡大すること
は、投資の元本を大きくすること
につながり、さらなる複利効果が
期待できる。

▶P98

うまく活用できれば、
大きな資産形成が
期待できる
制度です！

4

非課税枠の
再利用ができる

現行NISAは、売却しても非課税
枠は元に戻らない（例：一般
NISA30万円分を売却したとき、
非課税枠は600万円－30万円＝
残り570万円となる）。新NISA
では、売却分が復活する。

▶P100

5

非課税枠の拡大

新NISAはこれまでのNISAより
も、非課税枠が増額されている。
これにより、NISAで運用できる
資産が増え、生涯にわたって
NISAでの資産運用ができること
も。

▶P100

新NISA
②

新NISAでは
非課税期間が無期限に

新NISAで最も大きなメリットは、非課税期間が生涯続くことです。

 ここからは新NISAのポイントについて、さらに詳しく説明していきますね。まずは非課税期間についてです。

 新NISAでは、非課税期間がずっと続くんでしたよね。

 そうです。現行NISAではつみたてNISAが20年、一般NISAは5年という上限があり、非課税期間後に売却すると20.315%の課税があります。しかし、新NISAでは非課税期間は永久！　法改正がない限りはどのタイミングでも運用益は非課税になります。

 現行NISAの場合、非課税期間が終わった後に保有している株や投資信託を売却しても課税されて手取りが減っちゃうけれど、新NISAはそういうことがなくなるんですね。

 そうです。なので、資金が必要になるときまで運用しておけば、**大きな複利効果**が期待できます。

大きな複利効果
一般的に、運用益をさらに投資の元本にして運用し、それを長期でおこなうほど運用益は大きくなるとされている。ただし、金融商品の価格は一定ではないので、必要なときに価格が下がっていることも。その場合、下がりきる前に売却することを検討する。

非課税期間のイメージ

非課税となる期間の長さを現行 NISA と新 NISA で比べてみよう。

現行 NISA

非課税期間後は特定口座などに移され、通常の投資と同じように 20.315％の課税対象となる。

購入した年

ここからは**課税対象に**

 非課税期間

20.315％課税

―20 年 もしくは 5 年―

2023 年に購入したら
つみたて NISA ⇒ 2042 年まで
一般 NISA ⇒ 2027 年まで

非課税期間が終わる前に売却するのか、運用を続けるのかを決める必要があります

新 NISA

2024 年からスタートする新 NISA では、非課税期間が永久となる。

 非課税期間

購入した年

生涯非課税になる！

非課税期間がずっと続き、運用益は課税されません

**新 NISA で運用すれば、いつ売却しても
運用益をそのまま受け取れる！**

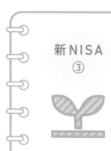

新NISA
③

つみたて投資枠と
成長投資枠

新NISAの2つの投資枠、「つみたて投資枠」と「成長投資枠」について覚えておきましょう。

 新NISAには「つみたて投資枠」と「成長投資枠」があると聞いたのですが、なにが違うのかよくわからなくて……。

 つみたて投資枠は「つみたてNISA」、成長投資枠は「一般NISA」に該当するものです。

 現行のNISAは「つみたて」と「一般」はどちらかしか選択できないんでしたよね。新NISAもどちらか選ぶんですか？

 いいえ。新NISAは併用可能です。年間投資枠も増額され、合計年間360万円まで投資することができます。もちろん、一方だけを活用してもいいですよ。

年間360万円
つみたて投資枠は年間120万円。成長投資枠は年間240万円が上限。トータルで年間360万円となる。

 活用のしかたはどうやって決めたらいいですか？

 現行NISAと同じで、基本的に長期的な運用でコツコツ増やすならつみたて投資枠、短期間で稼ぎたいなら成長投資枠にするといいと思います。

新NISAの2つの枠の特徴

投資できる
金額が
ぐっと増えました

併用できる！

	つみたて投資枠	成長投資枠
年間投資枠	120万円	240万円
投資できる商品	金融庁の基準を満たした ● 投資信託 ● ETF 金融庁が厳選した長期の積立・分散投資に適した一定の投資信託。	金融庁の基準を満たした ● 上場株式　● 投資信託 ● ETF　● REIT　など 金融庁認定の上場株式や投資信託。上場廃止されたり、信託期間20年未満のものや毎月分配型の投資信託など一部は除外。
運用方法	毎月一定額を積み立てて運用していく。	商品ごとにまとまった金額や一定額で購入し、運用する。
非課税保有限度額（非課税枠）	1,800万円	成長投資枠は 1,200万円　（つみたて投資枠と合計して1,800万円のうち1,200万円）
向いている人	● 長期的な運用をして資産をコツコツ増やしたい人 ● 少額から投資したい人 資金にそんなに余裕がないし、まずはつみたて投資枠でコツコツ増やそう	● ある程度のリスクがあってもよいと思え、短期間でまとまったお金がほしい人 少し資金に余裕があるから、つみたて投資枠をメインにして、ちょっとだけ成長投資枠も使おう

新NISA
④

非課税枠の
再利用が可能になる

新NISAでは非課税保有限度額（非課税枠）のうち、
売却して空いた枠の再利用が可能になります。

 非課税枠を再利用できる点も新NISAの
画期的な特徴です。

 どういうことですか？

 現行NISAの非課税保有限度額は、つみた
てNISAで800万円（※2023年から開始
した人は実質40万円）、一般NISAで600
万円（※2023年から開始した人は実質
120万円）です。これは買い付け残高の
上限となります。たとえば、つみたて
NISAで300万円分を購入したら、非課税
となる投資枠のうち300万円分使ったとい
うこと。あとからこの300万円分を売却し
ても、300万円分の枠はなくなります。

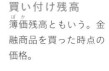

買い付け残高
簿価残高ともいう。金
融商品を買った時点の
価格。

 残りの投資できる金額は800万円－300
万円＝500万円になるんですね。

 そうです。新NISAでは、売却した300
万円の枠が復活します。

 実質上限がないようなものだから、柔軟
な運用ができそうですね。

非課税枠の再利用ってどういうこと?

非課税枠の再利用のイメージを図で表してみました

[例] これまで合わせて 1,000 万円分をつみたて投資枠
で投資していて、 600 万円分を売却した場合

非課税保有限度額 (非課税枠) 1,800 万円

↓ つみたて投資枠で1,000万円を積み立て

保有枠 1,000 万円	800 万円

残りの
購入
可能額

↓ 600万円分を売却

保有枠 400 万円	売却分 600 万円	800 万円

限度額に
達しても売却
すれば新たに
投資ができます

残りの購入可能額
600万円＋800万円
＝1,400万円に！

！

年間投資枠の上限は変わらない！

非課税枠の再利用はできても、年間投資枠の上限は変わらない。たとえば年間投資枠120万円のつみたて投資枠の場合、年内ですでに100万円を投資していたら、残りの期間で使える投資枠は、120万円－100万円＝20万円となる。

新NISA ⑤

どうなる？
2023年以前のNISA

現行NISAに新NISAがはじまったり、非課税期間が終了したらどうなるのかについて解説します。

2024年になったら、現行NISAはどうなるんでしょう？　もっている人は口座が切り替わるんですか？

「現行NISA口座をそのまま新NISAの口座として使えないの？」と思われる方は多いと思いますが、現行NISAと新NISAは口座が別になります。

口座の中身を新NISAに移動することはできますか？

それは「ロールオーバー」と呼ばれており、残念ながらできません。現行NISAは現行NISA、新NISAは新NISAの口座で資産運用をします。ただ、2024年以降は現行NISAで新たに投資をすることはできません。

じゃあ、現行のNISAはどうすれば？

非課税期間が終了となるときに売却するか、運用を続けたいのであれば、特定口座や一般口座（→P50）に移します。

口座が切り替わる詳細は各開設先のWEBサイトなどを確認しよう。現行NISAの口座をもっている人は、現行NISAとは別に、新NISAの口座が自動的に開設されるところもある。

2023年以前のNISAは「移す」or「売却」

新NISAがはじまったら、現行NISAで新たに積み立てをしたり、商品を購入したりすることはできなくなる。非課税期間が終了するときには2つの選択肢がある。

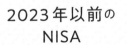

2023年以前のNISA	それぞれ別々の口座となる	2024年以降の新NISA

非課税期間が終了する頃……

新しく取引をはじめる

現行NISA口座をもっている場合、新NISA口座が自動で開設されることも（金融機関で異なる可能性があるので確認しておこう）。新NISA口座で新しく取引をはじめ、資産運用を開始する。

証券口座へ移す

売却する

口座内の商品の運用を続けたい場合には、特定口座や一般口座といった通常の証券口座に移す。

課税されないうちに商品をすべて売却し、運用益をそのまま受け取る。

2023年以前のNISAをどうするかは非課税期間が終わるまでに決めておきましょう

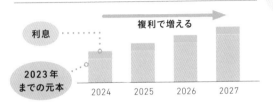

非課税期間が終わるまで保有するメリットは？

複利で増える

利息

2023年までの元本

2024　2025　2026　2027

非課税期間内が終わるまでは売却せずに保有しておけば、その間も利息が増えることが期待できる。

\ NISAのまとめ /
新旧のNISAを
比較する

新旧NISAの制度の違いをおさらいしてみましょう。

2023年までの現行NISA（ここでは便宜上、旧NISAと呼ぶことにします）と2024年の新NISAの違いを整理しました。右表にまとめたので見てみましょう。新NISAは旧NISAにあった非課税期間の期限が廃止され、年間投資枠と非課税保有限度額の拡大や非課税枠の復活など、柔軟な投資が可能になっています。

とすると、「じゃあ、NISAをはじめるのは2024年の新NISAからでいいや」と思いたくなるでしょうが、旧NISAにも非課税期間があり、資金確保の手段として有用なのは変わりません。むしろ、両方のNISAを活用できる"今"が資産運用をスタートするチャンスです！　まだ旧NISAをはじめていない人は、いまからはじめましょう（はじめ方や運用方法は5章で詳しく解説します）。

［ 2023年以前のNISAも活用すべし！ ］

収穫が
増えるかも

2023年以前の
NISA

新NISA

2023年以前のNISAと新NISAを併用すると投資枠が増えるといえる！

2023年以前のNISAと新NISAを併用すると、トータルで考えれば非課税の投資枠が広がることになる。つまり、お金が増える土壌が増えて、資産が増やせる可能性がUPする！

新旧NISAのまとめ

	2023年以前の **旧NISA**		2024年以降の **新NISA**	
対象	18歳以上 （ジュニアNISAを除く）		18歳以上	
非課税 期間	つみたてNISA　20年		一生涯	
	一般NISA　　　5年			
年間 投資枠	つみたてNISA　40万円	360万	つみたて投資枠　120万円	
	一般NISA　　　120万円		成長投資枠　　　240万円	
非課税保有 限度額 （非課税枠）	つみたてNISA　800万円 ※2023年に開始した場合は 実質40万円		1,800万円	
	一般NISA　　　600万円 ※2023年に開始した場合は 実質120万円		成長投資枠　1,200万円	
口座開設 の期限	2023年まで		ナシ	
投資 できる 商品	つみたてNISA 金融庁の基準を満たした ● 投資信託　　● ETF		つみたて投資枠 金融庁の基準を満たした ● 投資信託　　● ETF	
	一般NISA 金融庁の基準を満たした ● 上場株式　　● 投資信託 ● ETF　　● REIT など		成長投資枠 金融庁の基準を満たした ● 上場株式　　● 投資信託 ● ETF　　● REIT　など	

つみたてNISAと一般NISAは
併用不可

つみたて投資枠と成長投資枠は
併用可能

どちらも老後資金確保に有用ですが、あくまでも“投資”です。
リスクがあることも忘れずに！

Q

NISA は早めにはじめたほうが トクってほんとうですか?

A

ほんとうです。早くはじめることで 複利効果が UP します。

　第2章の36ページで紹介した、投資の鉄則を思いだしてみましょう。投資の鉄則は「長期」「分散」「積み立て」です。「NISAを早くはじめたほうがいいよ!」といわれるのは、早くはじめるほど、「長期」に運用でき、つみたてNISA（新NISAなら「つみたて投資枠」）であれば、その分「積み立て」額も大きくなっていくからです。

　余裕資金があって、投資をはじめたいと考えているのであれば、早めにNISAをはじめたほうがいいでしょう。

　特に老後資金を確保するなら「つみたてNISA」もしくは新NISAの「つみたて投資枠」を早くから活用することをオススメします。購入する金融商品や使用する投資枠なども影響するので一概にはいえませんが、5年続けている人と20年続けている人であれば、20年の人のほうが、複利効果がより大きくなっていると思います。

　ただ、何度も述べてきたようにNISAも投資です。人に勧められているからといって、流されるままに運用をはじめるのはよくありません。必ず自分がおこなう投資や金融商品を調べてからはじめてください。投資のリターンとリスクは表裏一体です。自分が納得したうえで選択してほしいと思います。

第 5 章

NISAを
はじめよう!

NISAは簡単にはじめることができます。運用の
コツをおさえ、資産を増やしていきましょう。

コツコツと着実に
運用していこう

NISA をはじめるまでの流れを見てみよう

まずは、NISAを運用するまでの流れをざっくり把握しておきましょう。

 NISAは簡単にはじめられるものなんですか？

 はい！ そんなに複雑な手続きはありません。まずはNISA口座を開設する金融機関を決めるところからはじめます。オススメはネット証券ですが、これは後ろのページで詳しく解説します。

 NISA口座はすぐに開設できるのでしょうか？

 必要書類がそろっていれば、口座開設の手続き自体はすぐにできます。ただ、NISA口座を開設するには、税務署の審査がありますから、申し込みから実際に取引ができるまで2～3週間程度かかると思っておきましょう。

 審査が通ったら、もうNISAを運用できますか？

 はい。商品を購入して運用していくことになります。

金融機関
NISAを取り扱っている金融機関は、金融庁のWEBサイト（https://www.fsa.go.jp）で確認できる。

税務署の審査
NISAは1人につき1口座まで。税務署ではすでにNISA口座をもっていないかなどをチェックしている。

NISA運用までの4STEP

 STEP 1

NISA口座の
開設先を決める

NISA口座は1人1口座しか開設できないため、開設先は慎重に決めよう。オススメは手数料の少ないネット証券。

⇒ P110

**2 ～ 3週間
程度かかる**

STEP 2

NISA口座開設の
手続きをする

開設先が決まったら、必要書類をそろえ、NISA口座開設の手続きをする。手続きから審査を経て、取引できるまでには2 ～ 3週間程度要する。

⇒ P112 ～ 117

 STEP3

投資する商品を
選ぶ

金融庁が定めたNISAの対象商品から、自分が投資したいものを選ぶ。

⇒ P118 ～ 121

資産を
増やすぞー！

STEP4

NISAで
いくら投資するか決める

投資する商品を選んだら、自分の余裕資金（→P56）と目標金額などを考慮して、いくら投資するか決める。

⇒ P124 ～ 127

さぁ、やって
みましょう!!

NISA口座の開設は
ネット証券がオススメ！

NISA口座はさまざまな金融機関、証券会社で開設で
きますが、ネット証券がいちばんおトクです。

 NISA口座はさまざまなところで開設で
きますが、イチオシはネット証券です！

 どうしてですか？

 NISAで商品を購入するときには、販売
手数料が発生することがあります。通
常、投資信託は商品ごとに異なります
が、株は金融機関ごとに購入金額に対す
る手数料が設定されています。ネット証
券は、この手数料が低い傾向にあるんで
すよ。

販売手数料
2023年時点の「つみ
たてNISA」の対象商
品は販売手数料が無料
となっている（ノーロ
ードとも呼ばれる）。

 オススメのネット証券はありますか？

 NISAで人気があるのは、「楽天証券」と
「SBI証券」です。どちらもつみたて
NISA、一般NISAともに手数料がなんと
0円！　取扱銘柄数も豊富ですし、ポイ
ントも貯まりやすいので、ポイ活
（→P66）にもなります。

 なるほど。じゃあ、基本的にはこの2つ
のどちらかから選べばよさそうですね。

店舗型証券会社とネット証券の手数料の違い

 店舗型証券会社

実店舗をもつ証券会社。対面取引などのサービスができる一方、手数料が比較的高くなる。

 ネット証券会社

実店舗をもたず、インターネットを通して取引をおこなう。人を介さない分、手数料がおさえられる。

店舗型証券会社	手数料（NISA口座内での国内株式現物取引）	ネット証券会社
SMBC日興証券（オンライントレード）最低137円		SBI証券0円
野村證券（オンライン専用支店）最低152円		楽天証券0円
大和証券（ダイワ・ダイレクトコース・オンライントレード）最低1,100円		松井証券0円
みずほ証券（ダイレクトコース・インターネット取引）最低1,045円		GMOクリック証券0円
三菱UFJモルガン・スタンレー（ダイレクト取引コース・オンライントレード）最低825円		auカブコム証券0円

※各証券会社の公式サイトより（2023年7月5日時点）。

 # 楽天証券とSBI証券の比較

NISA口座の開設先として人気のネット証券2つを比較してみよう。

つみたてNISAの場合

	楽天証券 VS	SBI証券
取扱銘柄数	192本	199本
最低積立金額	100円から可能	100円から可能
ポイント還元率	0.5〜1% ※カードの種類で異なる。楽天キャッシュを使えば＋0.5%	0.1〜5% ※カードの種類で異なる
貯まるポイント	楽天ポイント	Vポイント、Tポイント、Pontaポイントなど
手数料	0円	0円
その他の特徴	・ポイント投資が可能 ・クレジットカード決済が可能 ・保有残高によって楽天ポイントが付与される	・ポイント投資が可能 ・クレジットカード決済が可能 ・積立日が「毎日」「毎週」「毎月」の3コースから選択できる

※各証券会社のWEBサイトより（2023年7月5日時点）。

意外と簡単！

NISA口座の開設までの流れ

NISA口座はスマホで簡単に申し込みができます。SBI証券の主な流れを紹介します。

[例] SBI証券

口座開設の申請をする

証券口座・NISA口座の同時開設をタップ。

① SBI証券のサイトに入る

ポイントサイト（→P66）経由で開設することができる場合もありますよ

② メールアドレスを登録する

ここに入力

登録したメールアドレスに届いた6桁の認証コードを入力する。

③ 認証コードを入力する

ここに入力

入力したら次へ

④ お客様情報を入力する

「居住地（課税上の住所がある国）」
「氏名」「生年月日」「電話番号」など
を入力する。

NISA の種類を選ぶ　**どちらかを選ぶ**

開設する NISA の種類を選ぶ。はじめ
て NISA を開設する人は「新規で開設
する」にチェックを入れる。

口座の選択

オススメは「特定口座・源泉徴収あり」。
利益がでても、確定申告を自分でする必要
がないのでラク。

オススメ

現住所と本年
1月1日時点
の居住地が同
じならそのま
までOK。

同時開設の選択

住信 SBI ネット
銀行、SBI 新生
銀行の口座を開
設するか選択す
る。NISAでふだ
ん使っているク
レジットカード
や口座を使用す
る場合は「申し込
まない」でOK。

SBI証券ポイントサービスの申し込みにチェックを入れる。

ポイントを選択

チェックを入れると、SBI証券で貯められるポイントが確認できる。ふだん使っているポイントがあれば選択する。

⑤ 規約を確認する

規約を読んだら、「同意する」に進む

⑥ 入力内容を確認する

間違いがあったら修正し、次に進む

⑦ 口座の開設方法を選択する

早く開設
したいなら、
WEBが
オススメ

口座開設方法は
郵送よりも
WEBのほうが
手続きが早く済みます

⑧ 「ユーザーネーム」と「ログインパスワード」が 表示されるので、保存して次に進む。

⑨ 本人確認書類の 提出に進む

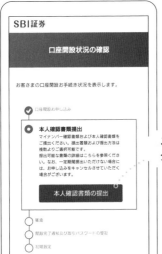

ここを
タップ

⑩ お客様情報を 再確認する

間違えがあったら
修正し、次に進む

⑪ 提出する本人確認書類を選択する

オススメ

スマホのカメラで撮影して提出する方法が、手続きが早く済むのでオススメ。

オススメ

通知の受取方法は郵送よりもメールが早い。

提出と受取方法を選ぶ

どちらかを選択

本人確認の方法を選択する

スマホで自分の顔を撮影する場合、説明動画をみたあと、撮影へ進む。

「住信SBIネット銀行」もしくは「三菱UFJ銀行」に口座がある人は「銀行と連動させる」が選択可能。

「保存した書類で提出」とすると、たとえマイナンバーカードを提出したとしても、追加で1点、別の書類が必要になる。

⑫ 提出したら、口座開設の審査に入る

最短1〜3営業日程度

↓

口座開設完了！

設定する

① 取引パスワードを設定する

本人確認書類提出後に送られてくる口座開設完了通知からとべる。

職業や勤め先の連絡先などを入力する。

登録メールアドレスに送られてくる。

② 初期設定をする

③ インサイダーの登録をする

上場会社勤務でない人は次へ進む

④ 出金口座を登録する

⑤ 取引プランを選択する

初心者はアクティブプランを選択。株式を購入する手数料が1日100万円まで無料となる。

オススメ

⑥ アンケートに答える

⑦ 登録内容を確認する

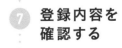

設定完了！

117

商品
選択①

つみたて型NISAの
金融商品の種類

つみたてNISAや新NISAの「つみたて投資枠」など、
つみたて型のNISAの投資信託について紹介します。

 ここでは投資初心者にもはじめやすく、老後資金の確保に適したつみたて型のNISAで購入できる投資信託について解説します。右の表を見てみましょう。

 投資信託にもたくさん種類があるんですね。

 インデックスファンド（→P41）の国内、全世界、海外は投資先の区分ですよね。その下のバランスファンドって……？

 国内株式だけや国内債券だけといった1つの投資商品や地域に投資するのではなく、海外株式と国内債券の両方に投資するなど、複数の金融商品をセットにした投資信託です。

 アクティブファンドはハイリターンを目指すものでしたよね（→P41）。

 そうです。いろいろあって迷うかもしれませんが、私のオススメはインデックスファンドです。

複数の
金融商品をセット
違う種類の金融商品や異なる地域の金融商品を組み合わせた商品。リスクを分散させることができる。

つみたて型NISAの対象商品のタイプ

ファンドのタイプ					連動する指数
インデックスファンド（→P41）	株式のみを対象とするファンド	国内		東証一部に上場する株式のうち市場を代表する225銘柄	日経平均株価（日経225）
				東証一部に上場する株式全銘柄約2,100銘柄	TOPIX
		全世界		全世界27か国の大・中型株式約2,800銘柄	MSCI ACWI
				全世界27か国の大・中型株式約7,800銘柄	FTEG Global All Cap
		海外	米国	米国株式市場に上場する株式のうち大企業500銘柄	S&P500
				米国株式市場に上場する株式のうち約3,600銘柄	CRSP U.S Total Market
			先進国	日本を除く先進国22か国の大・中型株式約1,300銘柄	MSCI コクサイ
			新興国	新興国24か国の大・中型株式約1,100銘柄	MSCI Emerging Markets
	バランスファンド	4資産…日本・先進国の株式・債券			
		6資産…日本・先進国・新興国の株式・債券			
		8資産…日本・先進国の株式・債券・不動産＋新興国の株式・債券など			
アクティブファンド（→P41）	継続的に投資家に支持・選択され、規模が着実に拡大しているものとして限定された銘柄				

出典：金融庁WEBサイト（2019年2月時点のものとして掲載）

＼新NISAに対応するファンド／

新NISAに対応した新ファンドが登場した。下はその一例（2023年7月時点）。

[例]

ファンド名	投資対象資産／投資対象地域	実質的な負担（年率・税込）
SBI・V・米国増配株式 インデックス・ファンド	株式／北米	0.1238%程度
SBI・V・先進国株式（除く米国）インデックス・ファンド	株式／グローバル（日本を含む）	0.1138%程度
SBI・V・世界小型株式（除く米国）インデックス・ファンド	株式／グローバル（日本を含む）	0.1338%程度
iFreePlus 米国配当王（資産成長型）	株式／北米	0.286%

つみたて型NISAで
投資する商品の選び方

つみたて型のNISAは長期運用が基本です。その点を
ふまえて商品を選びましょう。

つみたてNISAやつみたて投資枠で商品を選ぶときには、まず信託報酬率、信託財産留保額、資産総額の３つを比較しましょう（→右ページ）。特に、信託報酬率は運用益に直結しますから、必ずチェックしてくださいね。

この３つはどこで調べればいいんでしょうか？

商品の目論見書にすべて記載されています。目論見書には商品についてのさまざまな情報が記載されていますから、しっかり目を通しておきましょう。

商品を１つ選ぶとして、先生のオススメ商品はありますか？

三菱UFJ国際投信が運用しているeMAXIS Slim 米国株式（S＆P500）がオススメです。信託報酬率がかなり低いですし、米国の株式市場は長い目でみると成長しているので今後の成長も期待できると思います。

目論見書

投資商品の投資先や手数料、運用方針などが詳細に記載されている書類。商品購入前に目論見書を読まないと、購入することができないしくみになっている。対して、「運用報告書」はファンドが決算期に発行するもので、ファンドの実績や今後の方針などがまとめられている。

商品を選ぶときのチェックポイント

Check! 保有中にかかる

☑ 信託報酬率が低い

信託報酬率は商品保有中にかかる手数料のこと。低いものがよい。たとえば、利回りが3%あっても、信託報酬率が2%だと実質の利回りは3% − 2% = 1%となる。

Check! 売却時にかかる

☑ 信託財産留保額が少ない

保有する投資商品を売却するときに引かれる手数料のようなもの。通常は基準価額の0.3%程度とされているが、0%のところもある。

Check! 買われた金額

☑ 資産総額が大きい

資産総額（純資産額）が大きいほど、人気がある商品。1,000億円以上あるのが理想。運用中止となる可能性が低く、長期投資向き。

どれも商品の「目論見書」に掲載されています。目論見書は証券会社の商品ページから閲覧可能です！

オススメは eMAXIS Slim 米国株式（S&P500）

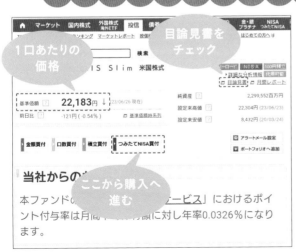

1口あたりの価格

目論見書をチェック

ここから購入へ進む

S&P500指数と連動するインデックスファンド

値動きがS&P500に連動する、主に米国株式に投資するファンド。業界最低水準のコストを目指しており、信託報酬率が低くおさえられる。信託財産留保額はかからない。総資産額は1,500億円以上。

※画面はSBI証券の場合。

利益がでたときは
売る？　売らない？

NISAで利益がでたときに「売る」か「持ったまま」にするのか。どちらがお金を増やせるでしょうか。

 利益がでたら、値下がりする前に売ったほうがいいでしょうか？

 気持ちはよくわかります。ただ、投資の基本「長期」を思いだしてください（→P36）。長期に運用するほど、複利効果は高くなります。だから、特に「つみたてNISA」や「つみたて投資枠」なら、利益がでても売らないほうがよいとされています。

 急いで売ったあとで値上がりしたら損になりますし、もったいないですよね。

 なるほど。……でも、いつかは売らないといけないですよね？　そのタイミングはどう判断したらいいんでしょうか？

 お金が必要になったときが売るタイミングです。そのときに値下がりしていた場合、さらに下がる前にまとめて売る、もしくは値上がりを期待して、そのときに必要な資金分を小分けに売っていくという選択肢があります。

値下がり
自分が買ったときよりも、株式の場合は株価が、投資商品の場合は基準価額（1口あたりの価格）が下がっているとき。

売る or 売らない。どちらがおトク？

売る？
売らない？
どちらが
トクかな

利益がでた

NISAで利益がでた場合、すぐに売らないほうがよい。複利効果で運用益がさらにUPする可能性がある。

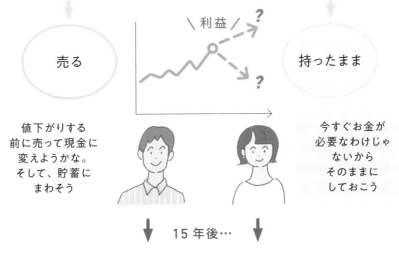

売る

\ 利益 /

?

?

持ったまま

値下がりする
前に売って現金に
変えようかな。
そして、貯蓄に
まわそう

今すぐお金が
必要なわけじゃ
ないから
そのままに
しておこう

15年後…

資産価値がさらに上がった！

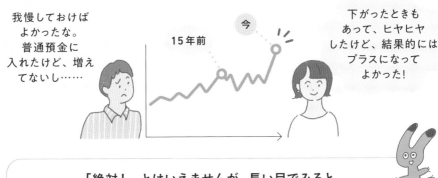

我慢しておけば
よかったな。
普通預金に
入れたけど、増え
てないし……

15年前

今

下がったときも
あって、ヒヤヒヤ
したけど、結果的には
プラスになって
よかった！

「絶対！」とはいえませんが、長い目でみると、
もっていたままのほうが資産が増える可能性が大きいです

新NISAにも応用できる！

つみたてNISAで
コツコツ増やす方法

つみたてNISAの活用方法を紹介します。参考にしてみてください。

　現行NISA（旧NISA）には「つみたてNISA」と「一般NISA」、新NISAには「つみたて投資枠」と「成長投資枠」がありますが、オススメはつみたてNISAとつみたて投資枠。投資の鉄則（→P36）の「長期」「分散」「積み立て」がおこないやすいからです。

　たとえば、つみたてNISAの年間投資枠は40万円。積立額は最大でひと月に3万3,333円です。このなかで無理のない金額を毎月投資し、余裕がでてきたら、引き上げを検討したらいいと思います。

　金融庁や証券会社のWEBサイトなどでは、運用益のシミュレーションが可能です。自分の今の積立額だと将来、どれくらいの額になるのかを把握し、「少ないな」と思ったら、積立額を増やせるように家計の見直しなどをおこないます（→第3章）。この考え方は新NISAのつみたて投資枠にも通用します。

積立額はどう決める？

余裕があるから
増やして
みようかな

まずは100円から
でもOK！

長期的に積み立てていくことが大事。まずは無理のない金額からでよい。

適宜、変更しよう

余裕があるときは引き上げ、ないときは引き下げる（変更が反映される月は開設先で確認）。

シミュレーションしよう

シミュレーションツールなどを活用して、将来受け取れる運用益を算出。必要な金額に達しないときは、積み立ての増額を検討する。

つみたてNISAをシミュレーション

[例] つみたてNISAで

● 想定利回り2%
● 毎月の積立金額2万円
● 積立期間30年
　　　　とすると…

35歳からはじめて
65歳まで
積み立てるとすると
どうなるかな

月の積立金額と運用成果

30年目に
トータルのリターンは
985.5万円に

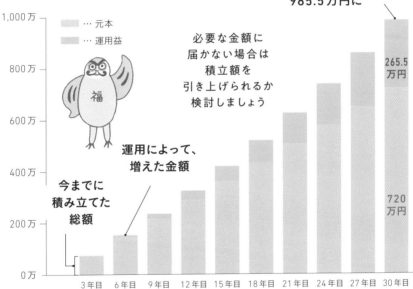

必要な金額に
届かない場合は
積立額を
引き上げられるか
検討しましょう

運用によって、
増えた金額

今までに
積み立てた
総額

265.5
万円

720
万円

1,000万
800万
600万
400万
200万
0万

3年目　6年目　9年目　12年目　15年目　18年目　21年目　24年目　27年目　30年目

… 元本
… 運用益

※金融庁 資産運用シミュレーションを基に編集部作成。
結果を保証するものではありません。

＼ シミュレーションしてみよう ／

金融庁 資産運用シミュレーション

金融庁の資産運用シミュレーションツール。毎月の積立額
から運用益を算出する以外に、目標金額から必要となる積
立金額や積立期間を算出することもできる。

新NISAの活用例

資金別 新NISAの運用シミュレーション

2024年からはじまる新NISAは活用の幅が広がります。活用するときの一例を紹介します。

98ページでも説明しましたが、新NISAは、「つみたて投資枠」「成長投資枠」の2つを併用することができます。つみたて投資枠は投資信託を対象とした長期運用向けの投資枠。成長投資枠は個別の株式にも投資でき、どちらかといえば短期的にリターンを得たい人向きの投資枠です。リターンをねらう分、リスクも大きくなります。

資金に余裕がない場合は、まずはつみたて投資枠のみを活用しましょう。少額でも長期運用することで、着実にリターンを得ることができるはずです。資金に余裕がある人は、つみたて投資枠と成長投資枠を併用して、つみたて投資枠でコツコツ増やしながら、成長投資枠でさらに大きなリターンを狙うという運用スタイルをとってもよいと思います。

おさらい！ 2024年の新NISAの投資枠

つみたて投資枠

年間で120万円

2つの枠を合わせて1,800万円まで購入が可能です（→P98）。

成長投資枠

年間で240万円

年間の投資枠は最大360万円となる

新NISAの活用例

- 資金に余裕がない
- 少額投資からはじめたい

→ つみたて投資枠のみ活用する

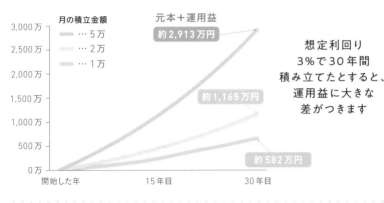

月の積立金額
- …5万
- …2万
- …1万

元本＋運用益
約2,913万円

約1,165万円

約582万円

3,000万 / 2,500万 / 2,000万 / 1,500万 / 1,000万 / 500万 / 0万

開始した年 / 15年目 / 30年目

想定利回り3%で30年間積み立てたとすると、運用益に大きな差がつきます

- 資金に余裕がある

→ つみたて投資枠と成長投資枠をフル活用する

つみたて投資枠
月10万円×5年

＋

成長投資枠
年240万円×5年

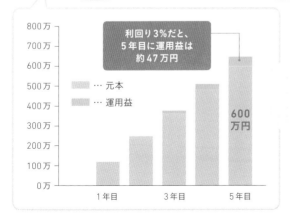

800万 / 700万 / 600万 / 500万 / 400万 / 300万 / 200万 / 100万 / 0万

利回り3%だと、5年目に運用益は約47万円

- …元本
- …運用益

600万円

1年目 / 3年目 / 5年目

つみたて投資枠でコツコツ増やし、成長投資枠で大きなリターンをねらいます

※シミュレーション結果は金融庁 資産運用シミュレーションを基に編集部作成。結果を保証するものではありません。

Q

NISA口座の金融機関は
変更できますか?

A

はい。手続きをすれば
変更することが可能です。

　NISA口座を開設している金融機関を変更したい場合には、変更したい年の前年10月1日から変更したい年の9月30日までに変更の手続きを完了させる必要があります。

　手続きについては、開設先の金融機関のWEBサイトや問い合わせで確認しましょう。基本的には、NISA口座を閉じる手続きをしたら、開設先から「勘定廃止通知書」が送られ、これを新たに開設したい金融機関に必要書類とともに提出することになると思います。手続き完了前に新たな金融機関で開設手続きをすると、二重口座として税務署の審査で落ちる可能性があるの

で、気をつけてください。

　また、皆さんは「金融機関を変更したら、それまでのNISA口座で運用していたものはどうなるのか」と気になると思いますが、残念ながら、変更前の金融機関で運用していた株式や投資信託は、新たなNISA口座へ移動させることはできません。

　ただし、変更前の金融機関のNISA口座にある株式や投資信託などの含み益（購入時の価格と、現在の価格の差額による利益）は、変更前の金融機関で買付けられた年の1月1日から最長5年間、非課税の適用が受けられるようになっています（※2023年6月時点）。

iDeCoって
なんだろう？

「iDeCo」は年金を増やすための制度です。税制優遇
もあり、老後の備えとして注目されています。

老後のために
今からはじめよう！

そもそも年金って どんな制度なの?

iDeCoについて知る前に、まずは老後の生活に欠かせない「年金」の種類やしくみについて知りましょう。

老後の生活を考えるとき、忘れてはいけないお金がありますよね?

年金ですね!

そのとおりです。年金の増やし方は136ページから紹介しますが、その前に年金の制度について覚えておきましょう。右図を見てください。

年金の種類もいろいろあるんですね。

公的年金は国民年金と厚生年金に大きく分けられ、それぞれさらに3つの年金の制度があります。

障害年金と遺族年金はあまり聞いたことがないですね。

障害年金は障害で生活が制限されたときに支払われるもので、遺族年金は生計を支える人が亡くなった場合に遺族が受け取るものです。年金は生活の保険として必要不可欠なものなんですよ。

年金
原則65歳以降から一生涯、納めた年金保険料に応じて一定の給付金が受け取れる国の制度のこと。

公的年金の種類

公的年金の加入対象や種類、それぞれの特徴を確認しよう。

確認しましょう

	国民年金	厚生年金
加入対象	20歳以上60歳未満の国民	会社員・公務員
老後の生活の保障 **老齢年金** 原則として65歳から死ぬまで受け取ることができる。所得の高い人のほうが年金額も多くなる。	**老齢基礎年金** 保険料を納めた期間などに応じた額が支給される。	**老齢厚生年金** 保険料を納めた期間や平均標準報酬額などに応じた額が支給される。
けがや病気で **生活が制限されたとき** **障害年金** 障害で日常生活が大きく制限されたときに月々支払われる。給付は20歳以上。働いていたとしても受給できる。	**障害基礎年金** 障害の程度（1〜3級）に応じた額が支給される。 ※子がいる場合や配偶者がいる場合には加算がされる。	**障害厚生年金** 平均標準報酬月額や保険料を納めた期間、障害の程度に応じた額が支給される。
生計を維持する人が **亡くなったとき** **遺族年金** 生計を維持する人が亡くなったときに、子や配偶者に月々支払われる。受給できるのは亡くなった人が保険料を納めていた場合に限られる。	**遺族基礎年金** 老齢基礎年金の満額（67歳以下で最大79万5,000円）＋子の人数に応じて加算して支給される。	**遺族厚生年金** 亡くなった人の老齢厚生年金の報酬比例部分（加入期間や加入期間内の報酬に基いて算出）の3/4の額が支給される。

年金の種類

年金
とは②

日本の公的年金は
2階建て!?

日本の公的年金は、受給者の区分によって受けられる
保障が変わります。

日本の公的年金は国民年金と厚生年金という2階建ての構造になっていますが、すべての人が両方を受給できるわけではありません。わかりやすくした図を右に挙げてみました。

僕は会社員で第2号被保険者だから、**厚生年金**と**国民年金**の両方が受け取れますね。

そうですね。公的年金制度で最も手厚くなるのは第2号被保険者となります。とはいえ、それでも1人あたりの受給金額はだいたい**月15万円**くらいです。国民年金だけしか受け取れない第1号や第3号被保険者はもっと少なくなります。

老後も今の生活水準を維持しようとしたら、お金が足りなくなりそうですね。

ええ。ゆとりある老後を送るには公的年金だけだと心許ないです。そこで活用したいのが私的年金制度です。これについては後ろのページで詳しく解説していきます。

厚生年金
会社員などの第2号被保険者が受給できる年金。

国民年金
20歳以上60歳未満の国民が受給できる年金。

月15万円
国民年金の「老齢基礎年金」と厚生年金の「老齢厚生年金」を合わせた額。

自分の区分をチェック！

働き方や納めている金額によって受給できる年金が変わる。

2階〈厚生年金〉	✕	◯	✕
1階〈国民年金〉	◯	◯	◯

自分で保険料の支払い手続きをしなくちゃ

保険料は会社と折半されて給与から引かれるんだったよな

保険料は配偶者が支払うことになるのよね

保険料の負担なし

自営業など
第1号被保険者

会社員など
第2号被保険者

専業主婦（夫）など
第3号被保険者

私的年金で年金は増やせる！

公的年金に上乗せするための年金制度。加入した期間などに応じて一定額を給付するものと、掛金とその運用収益を基に給付額を決めるものがある。

～ ＼ いくらもらえる？ 2023年の年金受給モデルケース ／ ～

夫　妻

夫婦2人

 平均標準報酬（賞与含む月額換算）
43.9万円で勤続40年。

 40年間
専業主婦

月額	老齢基礎年金（1人あたり）	66,250円
	老齢厚生年金（夫）	91,982円
66,250円×2＋91,982円＝合計224,482円		

出典：厚生労働省「令和5年度の年金額改定についてお知らせします」

年金の予測

あなたの年金 いくらもらえる？

自分が将来もらえる年金を確認してみましょう。保険料の納付は忘れずに。

「自分の年金がいくらになるのか？」は皆さん知りたいことでしょう。受け取れる年金の見込額は日本年金機構が発行する「ねんきん定期便」や「ねんきんネット」からわかります。

ねんきん定期便は、毎年誕生日月にハガキで送られてきます（35歳、45歳、59歳は封書）。右の見方を参考に、自分の年金を確認してみましょう。また、ねんきん定期便が手元になくてもねんきんネットに登録すれば、24時間いつでも年金を確認することができます。

年金は今まで支払った社会保険料から試算されます。そのため、50歳未満の人は、どうしても年金の見込額は少なくなります。額が少なくても慌てず、「今のところは少なくともこれぐらいはもらえる」という目安にしましょう。

［ ねんきんネットへの登録がオススメ！ ］

ねんきんネットは日本年金機構が提供するサービス。登録すると、年金の情報をいつでも確認することができる。登録するためには、マイナポータルと連携させるか、ねんきん定期便に記載されているアクセスコードが必要。

ねんきんネット

将来の年金の予測ができる

自分の最新の年金記録が確認できる

24時間いつでもアクセスできる

など

ねんきん定期便の見方

50歳未満の人 〈裏面〉

これまで納付した保険料の総額が記載されている

加入期間の合計が記載されている。老齢年金を受け取るには、原則120月以上必要

ねんきんネットに登録するのに必要な数字が記載されている。

応じた年金額を見る

受給資格の有無にかかわらず、現時点での加入実績から算出されている。そのため、50歳未満の人は少なめの試算となっている。

国民年金や厚生年金などに加入している期間が記載されている

50歳以上の人 〈裏面〉

受給開始年齢

もし見込額が記載されていなかったら、年金事務所などに問い合わせましょう！

老齢年金の種類と見込額を見る

60歳未満の人は、60歳まで加入していたと仮定した試算。60歳以上65歳未満の人はねんきん定期便の作成時点の加入実績による試算。65歳以上の人は65歳時点の加入実績によって試算されている。

135

iDeCoは自分で
年金をつくる制度

私的年金制度のなかでオススメなのがiDeCoです。積み立てて年金をつくります。

私的年金制度でいちばんオススメなのが iDeCoです。iDeCoは確定拠出年金で、20歳以上65歳未満であれば、ほとんどの人が加入できる制度です。

具体的にはどんな制度なんですか？

毎月一定額の掛金を支払い（＝拠出）、金融商品を運用します。

掛金の額は決まっているんですか？

掛金は加入者の区分で上限がありますが、最低5,000円からできます（→右ページ）。掛金で購入した金融商品を運用益がでたときに売却し、その利益を給付金として受け取ります。これが将来の年金や退職金代わりになります。

ふつうの投資と同じようなものですか？

やっていることは投資です。ただ、運用中の掛金などに税制優遇があるのが大きな違いです（→P139）。

私的年金制度
国がおこなう公的年金の上乗せの給付を保障する制度のこと。個人が資産運用をおこなうことで年金をつくる。

iDeCo
Individual-type Defined Contribution pension planの略。個人型確定拠出年金を意味する。個人型DCと呼ばれることも。

確定拠出年金
個人が拠出した掛金額と、投資商品や保険などの運用益との合計額を基に給付額が決定される年金のこと。

iDeCo に加入できる人

iDeCo に加入できるのは、下の4つの区分に当てはまる人。

① 国民年金　第1号被保険者
（→P133）

自営業
です

② 国民年金　第2号被保険者
（→P133）

会社員
です

③ 国民年金　第3号被保険者
（→P133）

専業主婦
です

④　国民年金　任意加入者

60歳までに老齢基礎年金の受給資格を満たしていなかったり、満額受給の対象外となっている場合、年金を増額するために、60歳以降で国民年金に任意加入することができる。

iDeCo の掛金一覧

① 国民年金
第1号被保険者　　月5,000〜6万8,000円*

② 国民年金
第2号被保険者　　月5,000〜
- 企業年金に未加入　2万3,000円
- 企業年金に加入　1万2,000円
- 企業型DC（→P140）のみあり　2万円

③ 国民年金
第3号被保険者
月5,000〜2万3,000円

④ 国民年金
任意加入者
月5,000〜6万8,000円*

＊国民年金基金の掛金や国民年金の付加保険料を
合算した額

iDeCoの
メリットとデメリット

iDeCoには税制優遇などのメリットがありますが、注意点もあることを知っておきましょう。

 iDeCoの大きなメリットは「拠出・積み立て時」「運用時」「受給時」の３つで税制優遇があることです。右の図を見てみましょう。

 拠出している間は、所得税と住民税の控除が受けられるんですね。運用益も非課税だし、受取時に控除があるなら、チャレンジしてみようかな。

 デメリットはないんですか？

 iDeCoの口座を維持するのにコスト（→P150）がかかり、基本的に60歳まで給付金を受け取ることができません。デメリットも、右にまとめました。

 60歳まで受け取れないのは不便かもしれないけど、逆にいえば、確実に積み立てできるってことでもありますね。

 メリットとデメリット、そして自分に合う・合わないを考慮したうえで検討してみましょう。

**所得税と
住民税の控除**

控除を受けるためには、毎年申請が必要になる（→P166）。

運用益も非課税

iDeCoで購入した金融商品の運用益は、課税対象にならない。

受取時に控除

iDeCoの金融商品を売却して得た利益は課税対象となるが、課税額は全利益から一定額が差し引かれてから計算される（→P170）

iDeCoのメリット

拠出・積み立て時

● **所得税と住民税が控除される**

拠出した掛金が全額所得控除にできる。結果、所得税と住民税が下がる。

3段階の税制優遇があります

控除額をチェック

運用時

● **運用益が非課税になる**

通常の投資だと確定した運用益に20.315％課税されるが、iDeCoは非課税。

iDeCo 公式サイト

年収と年齢、掛金からおおよその控除額のシミュレーションが可能。

受給時

● **給付金の控除がある**

給付金は受給時に退職所得や年金雑所得の控除が受けられる（→P170）。

iDeCoのデメリット

① コストがかかる

運用するためにコストがかかる。コストは金融機関や運用商品で異なる。

② 給付金は原則60歳まで受給不可

iDeCoの給付金は原則60歳まで受給不可。

③ 途中でやめられない

途中で解約したいと思っても原則解約することができない。

④ 掛金の変更は年1回まで

掛金を変更できるのは、年1回までとされている。

⑤ 地雷商品がある

対象商品に元本が減る可能性が大きいものがまぎれている。

iDeCoと企業型DC
一体、なにが違うの?

iDeCoと似ている制度に企業型DCというものがあります。違いを知っておきましょう。

 iDeCoと似ている制度で、**企業型DC**を導入している会社もあります。

 あまり聞いたことがないですね。

 企業型DCは、簡単にいうと退職金制度です。規定の掛金が給与とは別に支給され、それを基に会社指定の金融商品を運用します。この運用益が将来の退職金になります。

 なんだかiDeCoよりもトクな気が……?

 ただし、会社からもらえる掛金が少ないことがありますし、選べる金融商品の選択肢は少なめです。また、**選択型DCは将来の厚生年金が減る可能性があります。**

 しないほうがいいってことですか?

 選択型DCではなく、掛金を会社が負担してくれるなら、やったほうがいいですよ。資金に余裕があれば、iDeCoと併用しましょう。

企業型DC

企業がおこなう確定拠出年金制度。掛金を給与として受け取るか、拠出にまわすかどうかを自分で選択できる選択型DCもある。

選択型DCは将来の厚生年金が減る

選択型DCの場合、掛金分を差し引いた給与で社会保険料が算出される。すると社会保険料が少なくなり、その分、厚生年金の支給額が減る可能性がある。

企業型DCのしくみ

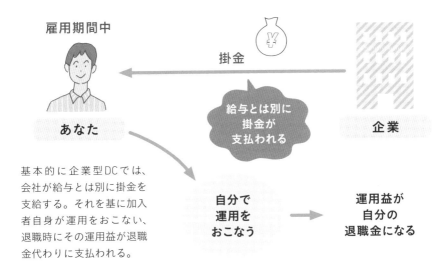

雇用期間中

掛金

あなた

給与とは別に
掛金が
支払われる

企業

基本的に企業型DCでは、会社が給与とは別に掛金を支給する。それを基に加入者自身が運用をおこない、退職時にその運用益が退職金代わりに支払われる。

自分で
運用を
おこなう

運用益が
自分の
退職金になる

iDeCoと企業型DCの比較表

iDeCoと企業型DCの特徴をまとめました

	iDeCo	企業型DC
加入	任意加入	会社が導入している場合のみ（強制or任意）
掛金負担	自己負担 月5,000～6万8,000円 （区分により上限がある→P137）	会社負担（自分で上乗せ可） 会社規定により異なるが、最大で月5万5,000円 （確定給付年金があると2万7,500円）
口座管理 手数料（→P151）	自己負担	会社負担が多い
運用商品	開設している金融機関が対象としている商品から選ぶので、選択肢が比較的多い	会社で規定されている商品から選ぶので、選択肢が少なめ

141

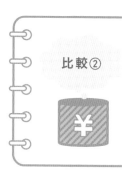

比較②

iDeCoと
個人年金保険の違い

個人年金保険が気になる人も多いのではないでしょうか。ここではiDeCoとの違いを解説します。

 友人が**個人年金保険**に加入しているんですけど、iDeCoとどちらがいいでしょうか？

 右の表にiDeCoと個人年金保険の違いをまとめたので見てみてください。

 税制優遇をみると、iDeCoは掛金が全額所得控除になるのに対し、個人年金保険の保険料は**一部**だけなんですね。

 個人年金保険は途中解約ができるけど、そのときに元本割れをするリスクもあるんですね。こうして比較してみると、個人年金保険よりもiDeCoのほうがよい気がしてきました。

 個人的にはまずはiDeCoをはじめることをオススメしますが、個人年金保険にもいろいろなプランがあります。最終的には、そういったものも比較して、納得して決めたほうがよいでしょう。

 わかりました！　保険会社の情報も集めてみます。

個人年金保険
私的年金制度の1つ。一定の保険料を納めることで、保険料に応じた年金を受給できる制度。

一部
生命保険料控除の対象。年間の支払い保険料に応じて、控除額が定められている。2012年（平成24年）以降と以前に契約したものでは、控除の算出方法が異なるので注意。

個人年金保険の種類

個人年金保険は大きく3つに分けられる。

①
確定年金

5年、10年、15年など、決めた受給期間に一定額が支払われる。被保険者が死亡しても、子や配偶者の受給が可能。

②
有期年金

被保険者が生存している場合（「保証期間付有期年金」は例外）、決めた受給期間に一定額が支払われる。

③
終身年金

被保険者が死亡するまで（「保証期間付終身年金」は例外）、ずっと年金を受け取ることができる。

種類によっては被保険者が死亡したときに、
遺族が受給できるようになります

iDeCoと個人年金保険の比較表

	iDeCo	個人年金保険
年間掛金／保険料の最大上限額	**掛金** 14.4万〜81.6万 ※加入者の区分により異なる（→P137）	**保険料** 保険会社の種類、プランで異なる
税制優遇	・掛け金が全額所得控除になる ・運用益が非課税	・保険料の一部が所得控除になる ・運用益が非課税
メリット	・障害給付／死亡一時金がある ・商品の入れ替えが可能（→P165） ・破産時に差し押さえられない	・運用は保険会社に任せられる ・手数料は発生しない ・途中で解約することが可能 ・遺族が受給できることもある
デメリット	・運用時に毎月コストがかかる ・60歳まで受給できない ・途中解約不可 ・地雷商品がある ・解約時に課税対象となる	・途中解約の際に、元本割れをするリスクがある ・解約時に課税対象になる

比較③

iDeCoとNISAは
なにが違うの?

iDeCoとNISAの違いを明確にするために、このページでは2つを比較して解説します。

 iDeCoとNISAは混同されがちです。また、新NISAの発表があってから「iDeCoは必要ない?」といった声も上がるようになりました。

 う〜ん。いわれてみると、なんとなくNISAのほうが非課税制度が優れているし、よさそうなイメージがあります。

 そうですね。NISAは売却したときも運用益が非課税で受け取れますから、非課税という点では優れています。

 じゃあ、やっぱりNISAのほうがいいということですか?

 じつはiDeCoには**障害給付金や死亡一時金が受け取れる**というメリットもあります。iDeCoと新旧のNISAの違いについて、右の表にまとめました。

 NISAは税制優遇のメリットが大きいけど、iDeCoは保障もあるし、必ずしもNISAが優れているというわけではないんですね。

障害給付金
75歳未満で、病気やけがによって、一定以上の障害状態になった場合、一定期間(1年6か月)を経過した場合に受給することができる。

死亡一時金
加入者が死亡した場合に、その遺族が資産残高を一時金として受給することができる。

144

iDeCoとNISAの比較表

iDeCoと新旧NISAを比較して自分に合ったものを考えよう。

	iDeCo	旧NISA		新NISA
		つみたてNISA	一般NISA	計360万円
年間 最大 上限	**掛金** 14.4万〜 81.6万円 ※加入者の区分により異なる（→P137）	**投資枠** 40万円	**投資枠** 120万円	**つみたて投資枠** 120万円 **成長投資枠** 240万円
税制 優遇	・掛け金が全額所得控除になる ・運用益が非課税	・運用益が20年間非課税	・運用益が5年間非課税	・運用益が生涯非課税
メリット	・障害給付／死亡一時金がある ・商品の入れ替えが可能（→P165） ・破産時に差し押さえられない	・途中換金が可能 ・地雷商品が少ない ・月々の積立金額の変更がいつでも可能	・途中換金が可能	・途中換金が可能 ・売却すると、投資枠が復活し、再投資が可能 ・月々の積立金額の変更がいつでも可能
デメリット	・運用時に毎月コストがかかる ・60歳まで受給できない ・地雷商品がある ・途中解約不可 ・受給時に課税対象となる	・投資枠の上限が少なめ ・特定／一般口座との赤字の相殺（通算）が不可	・特定／一般口座との赤字の相殺（通算）が不可	

iDeCoもNISAもあくまで"投資"であり、
"絶対"はないことは忘れないようにしましょう

第6章
∨∨ iDeCoってなんだろう？

145

Q

iDeCoとNISAは
セットではじめるべきですか？

A

ライフプランを考慮したうえで
選択しましょう。

　たしかにどちらも長期運用をしたほうが、より多くの運用益を受け取れる可能性は高まります。しかし、だからといって無理に同時にはじめると、生活を圧迫してしまいます。特にiDeCoは、掛金を停止している間も口座管理手数料は発生します。

　「今すぐはじめなきゃ！」と焦る必要はありません。まずは自分自身のライフプランをじっくり考えることから取りかかりましょう。資産形成を考えるのは大事ですが、そのために"今"を楽しめなくなるのはもったいないです。

　個人的には、まずはNISAをはじめて、資金に余裕があるので

あればiDeCoをはじめるのがよいと思います。ただ、iDeCoの場合は加入期間によって受給可能年齢が変わります。焦りは禁物ですが、加入するならあまり遅くなりすぎないように注意してください（→P169）。

　NISAとiDeCoをセットでおこなう場合は、同額で積み立ててもいいですし、NISAに毎月2万円、iDeCoには1万円と差をつけてもいいでしょう。

　NISAとiDeCoの積立額の割り振りに"正解"はありません。運用のポイント（→NISAは第5章、iDeCoは第7章）をおさえつつ、自分なりの運用方法を考えることが大切です。

iDeCoを
運用してみよう!

iDeCoは長期で運用することになります。望むリターンを得るために、運用のポイントをおさえましょう。

金融機関選びにも
ポイントが
あるよ

運用の
流れ

iDeCoの加入から
受給までの流れ

iDeCoは加入から受給まで、大まかに5つのステップに分けることができます。

 ここではiDeCoの加入から受給までの流れを紹介します。iDeCoの流れは、右ページのように大きく5つに分けられます。

 NISAと同じように、まずはiDeCoの口座を開設する金融機関を選ぶところからですね。

 iDeCoの口座も1人につき1口座しかつくれないので、慎重に選びましょう（→P150～155）。金融機関を選んだら加入手続きを進めますが、加入手続きが完了するまでには、1～2か月程度かかります。

 それが終わったら、いよいよ運用の開始となるんですね。iDeCoのメリットである所得控除は自動的に適用されるようになりますか？

 所得控除は毎年、申請をする必要がありますので、運用中は忘れずにおこないましょう。

金融機関
iDeCoを取り扱っている金融機関（運営管理機関）は、iDeCo公式サイト（https://www.ideco-koushiki.jp）で検索することができる。

申請
所得控除を受けるためには、年末調整もしくは確定申告での手続きが必要になる（→P166）。

iDeCoの流れ 5つのSTEP

STEP 1
金融機関を選択する

運営管理機関に登録されている証券会社、銀行、保険会社などから選択する。1人につき1口座しかつくれないので慎重に選ぶ。

⇒ P150 ～ 155

手続き完了まで
1 ～ 2か月程度

STEP 2
加入手続きをおこなう

掛金などを決めたうえで、iDeCoの加入手続きをおこなう。会社員の場合、事業主にも加入手続きをしてもらう必要がある。

⇒ P156 ～ 159

STEP 3
商品を選ぶ

iDeCoで投資する商品を選ぶ。iDeCoでは、途中で商品の割合変更や入れ替えをすることが可能。自分の運用スタイルを考えて、適宜調整を。

⇒ P160 ～ 165

事業主は、加入者に協力することが義務づけられています

STEP 4
控除申請をする

iDeCoで所得税を控除するためには、控除申請をしなくてはならない。会社員か自営業かで、申請方法が異なる。

⇒ P166 ～ 167

STEP 5
運用益を受け取る

原則60歳からiDeCoの運用益を受け取れる。受け取り方には、まとめてもらう「一時金」、小分けでもらう「年金」、両方を組み合わせた「併給」がある。

⇒ P168 ～ 173

よし！60歳までコツコツ増やそう

金融機関
の選択①

運用にかかる
コストをチェックする

iDeCoは運用中に一定のコストがかかります。長期運用ではコストをおさえるのがポイントです。

 iDeCoは基本的に長期で運用することになりますから、金融機関選びは非常に重要です。

 なにを基準に選んだらいいですか？

 まずはコストを比較しましょう。iDeCoは、「加入時」「運用時」「受取時」にコストがかかります。特に、長期運用すればするほど、運用時のコストの差は大きくなります。選ぶなら、**コストをできるだけ低くおさえられる金融機関**がよいでしょう。

 どのくらいコストがかかるか知るには、どうしたらいいですか？

 金融機関のWEBサイトで確認できると思います。**気になる金融機関があれば資料請求をして、より詳しい情報を集めましょう。**

 なるほど。早速いくつか取り寄せてみようと思います！

加入時
iDeCoの加入手続きをするときは国民年金基金連合会に一律2,829円を支払う。

運用時
iDeCoで金融商品を運用しているときは国民年金基金連合会と信託銀行、運営管理機関（金融機関）に毎月一定額を支払う。金融機関で金額が異なるものがある。

受取時
iDeCoで運用してきた金融商品を売却して、給付金をもらうときに支払う。金融機関で異なり1回につき385円もしくは440円。

iDeCoの口座管理手数料

運用時と受取時にかかるコストは金融機関によって異なる。

支払うタイミング	金額	支払い先
加入時	2,829円	国民年金基金連合会
運用時	105円／拠出した月	
	66円程度／月	信託銀行
	無料〜418円／月	運営管理機関
受取時	385円／回 or 440円／回	信託銀行

※iDeCoナビを参考に作成。

ここの金額は金融機関で変わる

運用時（1か月）にかかるコスト

最低金額　105円＋66円＋0円＝**171円**／月

最高金額　105円＋66円＋418円＝**589円**／月

年単位だと約5,000円の差。
30年間だと約15万円の差がつきますね

〜〜〜 ＼ そのほかのコスト ／ 〜〜〜

| iDeCoを移換するとき（→P176） | 掛金を還付するとき |

↓ ↓

移換時手数料 **還付事務手数料**

iDeCoの金融機関を変更したり、企業型DCに資産を移すときにかかる手数料。無料もしくは4,400円を運営管理機関に支払う。

限度額を超えた場合などに掛金を返還する手数料。少なくとも国民年金基金連合会に1,048円、信託銀行に440円は支払う必要がある。

iDeCoはいろいろなコストがかかります

取り扱い商品を
確認しよう！

iDeCoの金融機関を選ぶ際には、必ずその金融機関が
どんな商品を扱っているか確認しましょう。

金融機関を選ぶ際、低コスト以外にポイントはありますか？

商品の品揃えも重要です。iDeCoの対象商品は、大きく分けると「元本確保型」と「元本変動型」の2つがあります。右の図を見てください。

元本確保型は定期預金や保険商品、元本変動型は投資信託が運用の対象商品なんですね。

定期預金を多く取り扱っていたり、投資信託が豊富だったりと、金融機関によって取り扱いは異なりますが、選択できる商品が多くあったほうがよいでしょう。特に、老後資金を増やすことを考えるなら、リスクもありますが、大きなリターンを得られる可能性のある投資信託が豊富な金融機関がよいと思います。

なるほど。リターンを得ることを考えると、コストだけでなく、商品の品揃えをしっかり確認すべきですね。

定期預金
一定期間預けると、あらかじめ決められた金利で運用され、満期になると元本と利息が支払われる。

保険商品
iDeCoの保険商品には、生命保険や損害保険などがある。満期をむかえると自動更新されるしくみとなっており、定期預金よりは金利が高いことが多い。

iDeCo の商品の分類

iDeCoの商品は、大きく2つに分けられる。

元本確保型

定期預金　保険商品

少ないが、
利息分は増える

元本 ➡ 元本

少なくとも、
元本は戻る

メリット

リスクが低く、基本的には元本が保証されるので、安定している。

デメリット

リターンが少ない。手数料が運用益を上回ったり、途中解約した場合には、元本割れしたりすることがある。

元本変動型　オススメ

投資信託

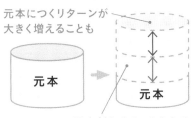

元本につくリターンが
大きく増えることも

元本 ➡ 元本

元本割れすることもある

メリット

元本確保型よりもリターンが高く、お金を大きく増やせる可能性がある。

デメリット

リターンに比例して元本割れをするリスクも上がってしまう。

---

iDeCoの投資信託の主な種類

①　国内株式型

日本国内の企業の株式を中心に投資しているファンド。
［例］ ニッセイ日経225 インデックスファンド

②　国内債券型

日本公債や日本国内の企業の社債を中心に投資しているファンド。
［例］ eMAXIS Slim 国内債券インデックス

③　外国株式型

外国株式を中心に投資しているファンド。
［例］ SBI・V・全米株式インデックス・ファンド

④　外国債券型

外国債券を中心に投資しているファンド。
［例］ たわらノーロード 先進国債券

金融機関の
サポート体制を確認する

金融機関のWEBサイトの情報量や困ったときの問い
合わせ先などのわかりやすさをチェックしましょう。

コストと商品のラインナップを確認した
ら、いよいよ加入手続きですね！

その前に、加入しようと思っている金融
機関のサポート体制もチェックしておき
ましょう。

……サポート体制ですか？

たとえば、WEBサイトにiDeCoの情報
がわかりやすく掲載されていたり、困っ
たときにすぐに問い合わせができたり
と、自分にとって使いやすいか、安心で
きるかどうかをチェックします。

iDeCoの情報
iDeCoの特設ページを掲
載している金融機関も
ある。比較してみよう。

たしかに、iDeCoは基本的に60歳まで
運用するわけだから、自分が使いやすい
ものを選ぶのは大事ですね。

そうです。長く付き合っていくことにな
りますから、使い勝手がよく、サポート
が充実していることも重要です。右にチ
ェックポイントをまとめたので、参考に
してみてくださいね。

サポート体制のチェックポイント

☑ WEBサイト

- iDeCoの情報や資料が充実しているか
- iDeCoを運用したときに使いやすそうか

iDeCoについてわかりやすく説明されており、運用したときに使いやすそうなものがオススメ。

☑ 窓口の対応

- 対面での窓口相談ができるか

金融機関によっては、窓口相談を実施しているところもある。

☑ 各種問い合わせ

- 自分の都合のよい時間帯にコールセンターが営業しているか
- チャットやメールでの問い合わせが可能か

困ったときにすぐに問い合わせができるところが便利。

☑ 運用益の受け取り方法

- 「一時金」「年金」「併給」の３つが選択可能か

iDeCoの受け取り方法の選択肢は金融機関で異なる。選択肢は多いほうがよい（→P169）。

☑ 手続きのしやすさ

- iDeCoの加入手続きやそのほかの手続きがしやすいか

加入だけでなく、掛金を変更する際や、受給時などにも手続きが必要。手続きのしやすさも確認を。

サポート体制はiDeCoナビでざっくり比較できます。気になるところには、実際に電話をかけてみてどんな対応かを確認してみましょう

\ これで**OK**！ /

iDeCoに
加入してみよう！

> ここではSBI証券を例にiDeCo
> の加入までの主な流れを紹介
> します。

[例] SBI証券

① SBI証券のサイトに入る

資料請求を
する

SBI証券のiDeCoの
ページにある「お申
し込み（無料）」を
タップする。

② お客様情報を入力する

氏名を入力
する

性別を入力
する

**生年月日を
入力する**

**電話番号を
入力する**

**住所を入力
する**

お客様情報の入力画面にし
たがい、氏名や生年月日、
住所などを順番に入力して
いく。

**メールアドレス
を入力する**

3 必要書類の確認をする

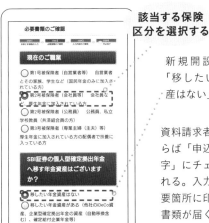

**該当する保険
区分を選択する**

新規開設の人は
「移したい年金資
産はない」を選ぶ。

資料請求者が本人な
らば「申込書類へ印
字」にチェックを入
れる。入力内容が必
要箇所に印字された
書類が届く。

資料請求完了！

1週間程度で必要書類が郵送される。

4 入力内容を確認する

間違いがあれば修正する。

必要書類は5つ

① 個人型年金加入申出書（会社員などの第2号被保険者）
② 預金口座振替依頼書兼自動払込利用申込書
③ 加入者掛金配分設定届
④ 事業所登録申請書兼第2号加入者に係る事業主の証明書
⑤ 本人確認書類

書類
① **個人型年金加入申出書に記入する**

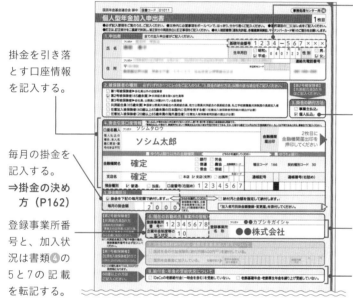

年金手帳やねんきん定期便を確認して記入する。

掛金を引き落とす口座情報を記入する。

掛金を自分の口座から引き落とす場合は「個人払込」にチェック。

毎月の掛金を記入する。
⇒掛金の決め方（P162）

登録事業所番号と、加入状況は書類④の5と7の記載を転記する。

現在の勤め先を記入する。

60歳以上の人は給付金・年金の受給状況を記入する。

書類
② **預金口座振替依頼書兼自動払込
利用申込書に記入する**

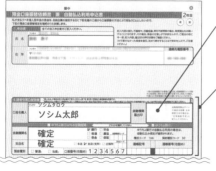

金融機関の届出印を捺印する。

掛金引落口座情報は書類①の掛金口座情報と同じ内容を記入する。

記入例が同封されているので確認しましょう

書類

③ 加入者掛金配分設定届に記入する

書類①と同じ基礎年金番号を記入する。

購入したい商品の掛金の配分割合を記入する(全体で100%となるようにする)。

たとえば掛金2万円を丸ごと使うなら100%、2万円のうち1万円を掛けたい場合は50%。

⇒商品の選び方(P160)
⇒配分指定(P164)

商品を決められない場合は提出せずに、後日加入者サイトから設定する

書類

④ 事業所登録申請書兼第2号加入者に係る事業主の証明書に記入する

申出者の欄は自分で記入する。

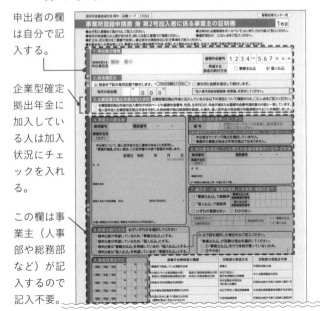

企業型確定拠出年金に加入している人は加入状況にチェックを入れる。

この欄は事業主(人事部や総務部など)が記入するので記入不要。

書類

⑤ 指定の本人確認書類のコピーを用意する

↓

返信用封筒に入れて返送

↓

SBI証券から「ID及びパスワードのお知らせ」が届く

↓

手続き完了!

商品選択

iDeCoで運用する投資商品の選び方

iDeCoの商品は長期運用することを念頭に置いて選びましょう。選択のポイントを解説します。

iDeCoでお金を増やしたいなら、まず選ぶべきは投資信託です。152ページで紹介しましたが、リスクがある分、リターンも望めるからです。

投資信託にもいろいろな種類がありましたよね。それはどう選ぶんですか？

まずはどれだけリターンを得たいか考える必要があります。投資信託の種類により、リスク・リターンの傾向も変わります。

自分のリスク許容度を考慮して選べばいいんですね。

そうです。そして、種類をしぼれたら、個別の銘柄をみていきましょう。

なるほど。……ちなみに先生が買っているのは？

私はNISAと同じく、コストをおさえられるeMAXIS Slim米国株式（S＆P500）を運用しています（→P120）。

リスク許容度
元本割れのリスクをどれくらいまで許容できるか。あまり許容できない場合は、ローリスクのものを選択する。その分もらえるリターンが低くなることを忘れずに。

eMAXIS Slim
米国株式（S＆P500）
2023年6月時点では、iDeCoで取り扱っている金融機関は「SBI証券」「松井証券」「マネックス証券」「auアセットマネジメント」の4社となっている。

商品を決めるまでの流れ

STEP 1 リターンについて考える

図は投資信託商品の種類ごとのリターンとリスクのイメージ。得たいリターンと許容できるリスクを考えて、投資する商品の種類を決めよう。

大

リターン

小

外国株式型

国内株式型

外国債券型

国内債券型

リスク

大

リスクと
リターンは
比例します

オススメのeMAXIS Slim米国株式（S&P500）は外国株式型の銘柄。投資信託のなかではリスクが高いが、大きなリターンを期待できる。

STEP 2 個別の銘柄をチェック

選んだ投資信託のなかから、下の2つを比較してさらに個別の銘柄をしぼる。

**❶ 信託報酬率
と信託財産留保額**

⇩

できるだけ低いものに

保有中と売却時の手数料（→P121）のこと。低いものにするのがセオリー。

❷ 資産総額

⇩

純資産総額1,000億円以上

純資産総額は、今まで買われた金額のトータル。1,000億以上あれば、途中で商品が終了する心配が少ない。

iDeCoの掛金は いくらにするべき?

iDeCoの掛金を決めるときには、資産のシミュレーションをおこないましょう。

 iDeCoの掛金は年1回しか変更することができません。一度決めた掛金は少なくとも1年間継続することになりますから、慎重に決めましょう。

 そういわれても決められません……。

 目標金額があるなら、**シミュレーション**をしてみて、どれくらい積み立てたら達成できるのかを考えましょう。あくまで予測ですが、目安にはなります。参考までに右に2つのシミュレーション結果を記載しました。

 5,000円の掛金だと30歳から積み立てても、思ったよりも増えないんですね。僕は会社員の上限2万3,000円(→P137)を積み立てられるといいかな。

 私は5,000円ではじめてみて、余裕がでてきたら引き上げを考えます。

 いいですね。自分のライフプランに合わせて設定しましょう。

シミュレーション

金融機関によってはシミュレーションツールを提供している。自分がわかりやすいと思ったものを試してみよう。

 楽天証券

年齢や年収、掛金と利回りを入力する。

iDeCoの掛金シミュレーション

[例] 30歳会社員（企業年金ナシ）
年収400万円。利回り3%で65歳まで積み立てた場合

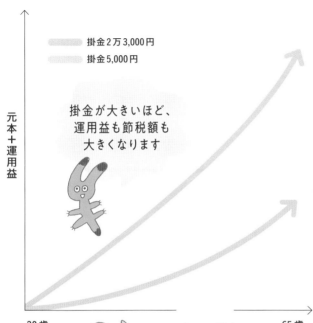

掛金2万3,000円
掛金5,000円

掛金が大きいほど、
運用益も節税額も
大きくなります

元本＋運用益

元本＋運用益
約1,705万
6,000円

↓

節税額
約145万円

元本＋運用益
約370万
7,000円

↓

節税額
約32万円

30歳

自分の掛金
上限は
P137で確認
しましょう

65歳

※楽天証券iDeCo
節税シミュレーションを
基に編集部作成。結果を
保証するものではありま
せん。

掛金変更のタイミング

iDeCoの掛金変更ができるの
は年1回だけ。手続きをすれ
ば、12月分の掛金から翌年
11月分の掛金（実際に納付
するのは1月～12月）を決
めることができる。

掛金を見直すべきとき

☑ 収入が増減した！

☑ ライフプランに大きな
変更があった！　など

配分指定

運用スタイルを考慮して配分を指定する

iDeCoでは、掛金を配分することで複数の商品を運用することができます。

 iDeCoでは、掛金を配分指定できます。

 どういう意味ですか？

 たとえば、1万円を積み立てる場合、1つの商品に1万円を丸ごと投資するなら、配分指定は100％。もう1つ別の商品を買って、配分指定を50％ずつにすると、それぞれ5,000円を積み立てて運用することになります。

 なるほど。NISAは1つ1つの商品を買って積み立てていきましたけど、iDeCoはまず掛金という大枠を決めて、そのなかで運用商品をふり分けていくというイメージでしょうか？

 そのとおりです。右図のように、最初はリターン重視の運用をしていって、老後に向かうにつれて、低リスクのものを多めに配分していくというのがセオリーとされています。配分指定に即した資産割合になるように、配分を再調整することはリバランスと呼ばれます。

配分指定
iDeCoは掛金の額の変更は年1回しかできないが、配分指定の変更はいつでもおこなうことができる。変更方法は各金融機関で確認しよう。年数に応じて、自動で配分指定をしてくれるターゲット・イヤー型と呼ばれる商品もある。

リバランス
商品の運用実績によって、iDeCoの資産の割合が当初指定した割合と変わることがある。たとえば、国内債券50％、外国株式50％としていたのに外国株式の成績が上がった。これによりiDeCoの資産の割合が国内債券30％、外国株式70％に変動。このバランスを50％、50％に戻すために国内債券の配分を多く、外国株式の配分を少なくする調整をおこなうのがリバランス。

運用スタイルと配分指定の例

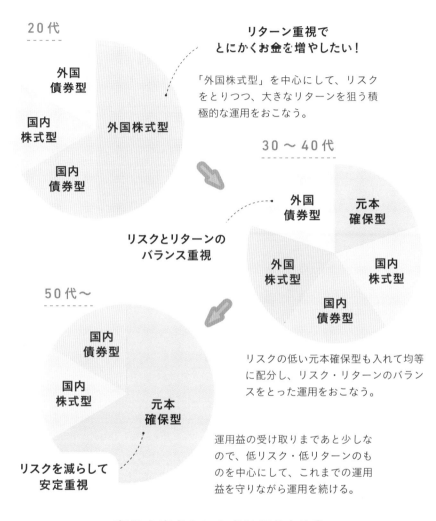

20代

外国債券型
国内株式型
国内債券型
外国株式型

**リターン重視で
とにかくお金を増やしたい!**

「外国株式型」を中心にして、リスクをとりつつ、大きなリターンを狙う積極的な運用をおこなう。

30〜40代

外国債券型
元本確保型
外国株式型
国内株式型
国内債券型

**リスクとリターンの
バランス重視**

リスクの低い元本確保型も入れて均等に配分し、リスク・リターンのバランスをとった運用をおこなう。

50代〜

国内債券型
国内株式型
元本確保型

**リスクを減らして
安定重視**

運用益の受け取りまであと少しなので、低リスク・低リターンのものを中心にして、これまでの運用益を守りながら運用を続ける。

\ 商品を変えたいときはどうする? /

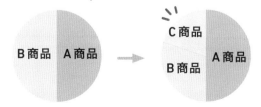

B商品　A商品　→　C商品　A商品　B商品

掛金額はそのままで保有商品を変更したい場合、いらない分を売却し空いた枠（金額）分、新たに商品を購入する。これをスイッチングという。

「保険料控除申告書」の書き方

iDeCoで毎年所得税の控除を受けるためには、必要書類に記入し、申請をしなくてはなりません。

iDeCoの運用中に絶対に忘れないでほしいことがあります。それは、控除の申請です。

控除の申請……。具体的にはどういうことでしょうか？

iDeCoは運用中に所得税と住民税の控除が受けられますが、これは毎年申請をしないと適用されません。会社員であれば、年末調整のときに渡される「保険料控除申告書」に必要事項を記入します。それを年間の掛金が記載されている証明書と一緒に提出するんですよ。

もし申請を忘れてしまったら、どうなりますか？　控除はあきらめるしかないんでしょうか？

申請を忘れた場合は確定申告で還付を受けることができます。自営業の人の場合は、はじめから確定申告で記載することになりますよ。このときも証明書を提出する必要があります。

証明書
毎年、国民年金基金連合会から「令和●年分小規模企業共済等掛金払込証明書」が10月以降に送付される。

会社員の場合の控除申請の記入方法

iDeCoで所得税と住民税の控除を受けたい場合に提出する「保険料控除申告書」の書き方を知っておこう。

ここは給与の支払者が記載する

自分の氏名と住所を記載する

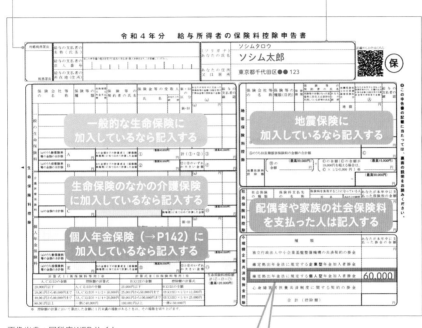

画像出典：国税庁WEBサイト
(https://www.nta.go.jp/taxes/tetsuzuki/shinsei/annai/gensen/pdf/r5bun_04.pdf)

個人型年金加入者掛金に記入！

小規模企業共済等掛金控除	種　類	あなたが本年中に支払った掛金の金額
	独立行政法人中小企業基盤整備機構の共済契約の掛金	円
	確定拠出年金法に規定する**企業型**年金加入者掛金	
	確定拠出年金法に規定する**個人型**年金加入者掛金	60,000
	心身障害者扶養共済制度に関する契約の掛金	
	合　計（控除額）	円

年間の掛金を記載する

10月以降に国民年金基金連合会から届く「小規模企業共済等掛金払込証明書」に記載された、年間の掛金の額を記入する

167

iDeCoの
受給方法を知ろう

iDeCoの給付金は原則60歳から受給でき、受け取り方には3つの方法があります。

iDeCoは年金制度だから、給付金も年金みたいに毎月一定額が支給されるようになるんですか？

もちろん年金として毎月、受け取れますが、一時金としてまとめて受給することも可能です。この場合も受給は原則60歳から。右にそれぞれのイメージをまとめたので、参考にしてください。

一時金でまとめてもらって、あとは65歳以降に入る公的年金でやりくりして生活していくのもよさそうですね。

私は定期的な収入があったほうが安心だから、年金として受け取りたいな。

一時金と年金の両方を組み合わせた「併給」が選択できる金融機関もありますよ。受け取り方は公的年金のこともふまえて、じっくりと考えましょう。ちなみに75歳を過ぎても申請がなければ、自動的に一時金として払われることになるので注意してくださいね。

公的年金のこともふまえて

公的年金の受給開始年齢は、基本的には65歳以降からだが、「繰り下げ（66歳以後75歳までに受給開始）」「繰り上げ（60歳から65歳までに受給開始）」が可能。繰り下げると、1回にもらえる額は増額、繰り上げると減額されることになる。自分が何歳から公的年金を受け取るのかを決めたうえで、iDeCoの受給方法を選択する。

給付金の３つの受け取り方

給付金の受取方法は下の３つがあります

①　一時金

iDeCoの資産を60〜75歳の間で一括で受け取る方法。なお、受け取り方法を指定しないで75歳を過ぎると、自動的に一時金として給付される。

一時金

| 加入期間（30年） | | 公的年金 |

30歳　　　　　　　　　　　　　　　　　　60歳　65歳

②　年金

60歳以降、5〜20年の間で一定額を毎月や年数回で受け取る。金融機関によっては終身受け取りが可能なことも。

年金

iDeCoの運用益

公的年金

加入期間（30年）

30歳　　　　　　　　　　　　　　　　　　60歳　65歳

③　併給

！ 金融機関によっては選択不可

一時金と年金を組み合わせて受け取る方法。

年金

一時金

iDeCoの運用益

公的年金

加入期間（30年）

30歳　　　　　　　　　　　　　　　　　　60歳　65歳

＼ 受給可能年齢は加入期間で異なる ／

加入期間	受給可能年齢	加入期間	受給可能年齢
10年以上	⇒ 60歳	4年以上6年未満	⇒ 63歳
8年以上10年未満	⇒ 61歳	2年以上4年未満	⇒ 64歳
6年以上8年未満	⇒ 62歳	1か月以上2年未満	⇒ 65歳

＼ 一時金は注意！ ／
受給のタイミングで課税額が変わる

iDeCoは受取時に課税されます。特に一時金の課税額はタイミングで差がついてしまいます。

よく非課税と誤解されがちなのですがiDeCoの給付金は、受給時には課税されます。一時金であれば「退職所得」、年金であれば「雑所得」という所得として扱われるからです。

いちばん気をつけたいのが一時金で受給するとき。60歳になったタイミングで「退職金と一緒に受給しよう！ 一気にもらえるから楽しみ」と思っている人は、控除の枠を使い切ってしまい、損をする可能性があります。一緒に受給する場合、iDeCoは一時金と退職金を合計して税金を算出することになるからです（→右ページ）。時期をずらして受給したほうが、おトクになります。

ただし、法律が改正されて控除について変更がある可能性があるので、受給間近になったら、変更点がないかチェックしましょう。

［ 受給時にかかる税金は？ ］

一時金 ⟹ 退職所得となる

退職所得　　　　　　　　　　　　　　15〜55％（→P21）

【退職金額 － 退職所得控除額】 × 1/2 × 税率

勤務1年につき40万円。
20年以降は1年につき70万円

年金 ⟹ 雑所得となる

年齢や所得で変わる。詳しくは国税庁のWEBサイト（https://www.nta.go.jp）をチェック

雑所得

【年金収入 － 公的年金等控除額】 × 税率

📖 一時金はいつ受け取るのがトク？

> **受け取るとき**

退職所得控除額が、退職金やiDeCo給付金の合算を超えているならば課税ナシ、超えたらその1/2が課税対象となる。

[例] 勤続年数40年、退職金2,000万円で
　　iDeCoの給付金500万を受給する

（2,000万円＋500万円）－（20年×40万円＋20年×70万円）
＝300万円 × 1/2
＝150万円（退職所得）× 税率15%（所得税5%＋住民税10%）
⇒ 所得税 約7万5,000円　住民税 約15万円

約23万円
の税負担！

税負担を軽くするには……

5年以上空ける

加入期間30年

iDeCoを受け取る　60歳

退職金を受け取る　65歳

60歳でiDeCo給付金500万円を先に受け取り、
65歳で退職金2,000万円を受給する

【iDeCo】を受け取るとき
500万円 －（20年×40万円＋10年×70万円）
＝0円（退職所得）　⇒　税負担0円

【退職金】を受け取るとき
2,000万円 －（20年×40万円＋20年×70万円）
＝0円（退職所得）　⇒　税負担0円

退職所得控除
をフル活用
できます

税負担は
合計
0円に！

受給の手続きを進めよう!

iDeCoの給付金を受給するために金融機関でおこなう請求手続きの流れを紹介します。

 iDeCoの運用益は給付金として支給されますが、受給するためには金融機関で請求手続きをする必要があります。

 請求したら、すぐに受け取ることができるんですか?

 いいえ。請求から受給までには、右のように主に4つのSTEPがあります。個々の状況で異なるので、一概にはいえませんが、請求から受給までにはそれなりに時間がかかると思っておいたほうがよいでしょう。裁定で時間がかかると、さらに受給まで時間がかかると思います。

 運用商品の売却は自分でおこなうのですか?

 売却は金融機関がおこないますから、気にしなくて大丈夫です。売却して現金化した運用益は、加入者の指定した口座に振り込まれ、受給完了となります。年金として受給する場合は確定申告が必要になることがあるので注意しましょう。

裁定
加入者に受給する権利があるかどうかを、金融機関が確認すること。書類や手続き上の不備があると、時間がかかることがある。

確定申告
iDeCoや公的年金の収入金額の合計が400万円を超えるなどの一定の場合には、雑所得として確定申告が必要となる。

受給までの4STEP

STEP 1 受け取り方法を決める（→P169）

一時金、年金など、金融機関で選択できる受け取り方法のなかから、自分に合ったものを選ぶ。自身の公的年金の受け取りなどを考慮しよう。

STEP 2 必要書類を金融機関に提出する

「裁定請求書」に氏名や給付金の受取口座など必要事項を記入し、本人確認書類などとともに、金融機関に提出する。受け取り方によって、別途書類が必要なこともある。

☑ 裁定請求書
☑ 本人確認書類 　など

STEP 3 運用している商品を売却する

金融機関で書類が確認され、支払いOKとなると、運用している商品が売却されて、現金化される。一時金の場合はすべて、年金の場合は必要分だけの売却となる。

売却日は
WEBサイトなどで
事前に確認
することができます

STEP 4 給付金を受け取る

売却完了後に金額が決定され、加入者に通知が届く。給付金は加入者が指定した口座に振り込まれる。

給付金が
口座に
振り込まれます

もしもiDeCoを途中でやめたくなったら？

原則としてiDeCoは途中解約ができません。では、やめたくなったらどうしたらいいのでしょうか？

 iDeCoは税制優遇があって、おトクな制度だということはよくわかりましたが、家計の状況によっては途中でやめたくなるときもあると思うんです。そういうときはどうしたらいいですか？

 iDeCoは原則途中解約できません。そのため、やめたくなった場合には「受給年齢まで我慢して月5,000円の最低掛金で運用し続ける」もしくは「掛金を停止する」というのが現実的だと思います。

 掛金を停止することができるなら、安心ですね。手続きはどうなりますか？

 掛金を停止するときには、「加入者資格喪失届」を金融機関に提出します。手続きが済んだら、運用指図者（うんようさしずしゃ）となります。ただ、気をつけないといけないのは、運用指図者になっても、口座管理手数料などの一定のコストがかかり続けることです。

 なるほど。掛金を停止しても、出費は 0（ゼロ）にはならないんですね。

途中解約

次の要件をすべて満たす場合には、iDeCoを解約（脱退）して一定の一時金を受給できる。
①60歳未満であること。
②企業型DC加入者でないこと。
③iDeCoに加入できない者であること。
④日本国籍を有する海外居住者（20歳以上60歳未満）でないこと。
⑤障害給付金の受給権者でないこと。
⑥企業型DC加入者及びiDeCo加入者として掛金を拠出した期間が5年以下であること、または、個人別管理資産額が25万円以下であること。
⑦企業型DC加入者又はiDeCo加入者の資格を喪失した日から起算して2年を経過していないこと。

運用指図者

拠出をせず、運用指示だけをおこなう人。手続きをすれば、再度拠出することができるようになる。

加入者資格喪失届の記載例

年金手帳やねんきん定期便で
基礎年金番号を確認して記入する

登録している
住所を記入する

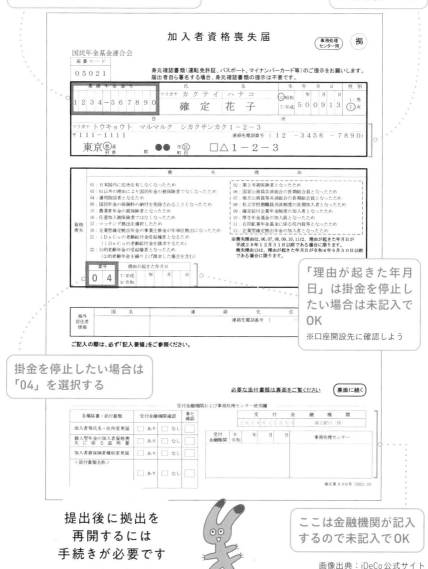

加入者資格喪失届

事務処理センター用　拠

国民年金基金連合会

届書コード　05021

身元確認書類（運転免許証、パスポート、マイナンバーカード等）のご提示をお願いします。
届出者自ら署名する場合、身元確認書類の提示は不要です。

基礎年金番号	氏　名	生年月日	性別
1234-567890	フリガナ カクテイ ハナコ　確定 花子	6:昭和 7:平成　50 09 13 年 月 日	1:男 4:女

住　所
フリガナ トウキョウト マルマルク シカクサンカク1-2-3
〒111-1111　連絡先電話番号（12-3456-7890）
東京 都道府県　●● 市区郡町村　□△1-2-3

喪　失　理　由

01：日本国内に住所を有しなくなったため
03：01以外の理由により国民年金の被保険者でなくなったため
04：運用指図者となるため
05：国民年金の保険料の納付を免除されることとなったため
15：農業者年金の被保険者となったため
16：任意加入被保険者ではなくなったため
17：マッチング拠出を選択したため
18：企業型確定拠出年金の事業主掛金が年単位拠出になったため
21：iDeCoの老齢給付金受給権者となるため
　　（iDeCoの老齢給付金を請求するため）
22：公的老齢年金の受給権者となったため
　　（公的老齢年金を繰り上げ請求した場合を含む）

02：第3号被保険者となったため
06：国家公務員共済組合の長期組合員となったため
07：地方公務員共済組合の長期組合員となったため
08：私立学校教職員共済制度の長期加入者となったため
09：確定給付企業年金制度の加入者となったため
10：厚生年金基金の加入者となったため
11：石炭鉱業年金基金に係る坑内員等となったため
12：企業型確定拠出年金の加入者となったため

※喪失理由02,06,07,08,09,10,11は、理由が起きた年月日が
平成28年12月31日以前である場合に限ります。
喪失理由13は、理由が起きた年月日が令和4年9月30日以前
である場合に限ります。

番号	理由が起きた年月日
0 4	7:平成 9:令和　年 月 日

海外居住者情報	国　名	連　絡　先　住　所
		連絡先電話番号

ご記入の際は、必ず「記入要領」をご参照ください。

「理由が起きた年月日」は掛金を停止したい場合は未記入でOK
※口座開設先に確認しよう

掛金を停止したい場合は「04」を選択する

必要な添付書類は裏面をご覧ください　裏面に続く

受付金融機関および事務処理センター使用欄

各種届書・添付書類	受付金融機関確認	事セ確認
加入者等氏名・住所変更届	□あり □なし	□あり □なし
個人型年金の加入者資格喪失に係る証明書	□あり □なし	□あり □なし
加入者被保険者種別変更届	□あり □なし	□あり □なし
＜添付書類名称＞	□あり □なし	□あり □なし

受　付　金　融　機　関	
19780 12353	確定銀行（株）

受付金融機関	9:令和　年 月 日	事務処理センター

様式第 K-015号（2022.10）

提出後に拠出を
再開するには
手続きが必要です

ここは金融機関が記入するので未記入でOK

画像出典：iDeCo公式サイト
より記載内容を一部改変

Q

転職したら、iDeCoや企業型DCはどうなりますか？

A

状況によって、変更手続きや移換手続きが必要です。

転職した場合にiDeCoがどうなるのか、心配される方は多いと思います。まず、iDeCoの場合、転職してもiDeCo内の資産はそのまま保有することが可能です。ただし、被保険者の種別や登録事業所などの変更手続きが必要になることがありますから、加入先の金融機関に事前に問い合わせておくとよいでしょう。

iDeCoは資産の持ち運び（ポータビリティ）ができるのも特徴の1つとされています。企業型DCに加入している人は、転職先も企業型DCを導入しているのであれば、移換（資産を他に移すこと）手続きをおこなえばOKです。

もし企業型DCに加入していたのに、転職先には企業型DCがなかったという場合には、iDeCoへの移換手続きをおこなうとよいでしょう。この場合は先に企業型DCの「加入者資格の喪失」の手続きが必要となります。

企業型DCに加入している人が所定の手続きをおこなわなかった場合、資産が国民年金基金連合会に自動移換されることになるので注意してください。自動移換されてしまうと、資産運用がされないうえに管理手数料が発生して損をすることになり（手数料は資産から差し引かれる）、受給開始年齢が遅れることもあります。

第 8 章

投資以外の方法で
お金を増やす

投資以外の方法でもお金を増やすことができます。それぞれの特徴を知っておきましょう。

貯蓄制度や商品。
アルバイトでも、
増やせるよ

貯蓄①

積立定期預金で
コツコツ貯める

積立定期預金は口座から設定金額が自動的に差し引かれるので、貯蓄するのに向いています。

お金を増やす方法として「投資」について紹介してきましたが、現金もある程度もっておきたいですよね。だいたい資産全体の3割は現金としてもっておくと安心、とされています。

現金がないと、いざというときに困りますからね。

私は現金があると使ってしまいそうです。どうしたらいいですか？

そういう場合は、積立定期預金でコツコツ貯めるのも方法の1つです。毎月、あらかじめ設定した金額が自動で引き落とされるので、確実にお金を貯めることができますよ。ただ、契約期間内にお金を引き出す場合には解約手続きが必要です。

引き落とす金額は自由に設定できますか？

金融機関によって設定金額や積み立て期間などが異なりますから、金融機関のサイトで確認しましょう。

積立定期預金
設定した金額が自動で指定口座から引き落とされ、積み立てられる。積立期間は無期限のものと、○年と指定しておこなうものとがあり、金融機関で異なる。預け先の金融機関が破たんした場合、預けたお金は1,000万円とその利息までなら戻ってくる。

引き落とされる
引き落とし先の預金残高が不足している場合には、積み立てはされないので注意。

「積立定期預金」の特徴

契約期間中、毎月一定金額が口座から引き落とされ、自動的に積み立てられる。満了したら積立金額＋利息分のお金が払い戻される。

金融機関によって
条件が異なります。
事前に確認して
おきましょう

積立期間は金融機関で異なる
積立期間は無期限のものと、〇年と指定して積み立てるタイプがある。

一定金額を自動で積み立てる
設定した金額が指定口座から引き落とされ、自動的に積み立てられる。

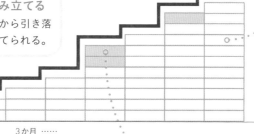

元本

1か月　　2か月　　3か月 ……

！ 積立定期預金のメリット

● 自動で設定額が引き落とされるので、
　確実にお金が貯められる

積立定期預金は、設定した金額が自動で指定口座から引き落とされる。お金は契約が満期をむかえるか、解約手続きをしないと引き出せないため、確実に貯められる。

● 普通預金よりも金利が高い

普通預金よりも積立定期預金のほうが、金利が高い。定期預金で貯めるよりも利息がつくので、増えやすい。

ボーナス月や
余裕があるときに
追加できることも

収入が増えたり、余裕があったりするときに、積立金額の上乗せができる場合もある。

[例] 100万円を積み立てるのにかかる年数

月1万円だと……	⇒	100回	＝約8年
月2万円だと……	⇒	50回	＝約4年
月2.5万円だと……	⇒	40回	＝約3年
月3万円だと……	⇒	約33回	＝約2.8年

貯める年数が
同じでも、普通預金より
積立定期預金のほうが
利息が多くつくので
お金が増えますよ

福

※利息を計算しない場合

貯蓄型保険のメリットは？

「貯蓄型保険」はいざというときのための備えとして、貯蓄と保障を兼ね備えた保険商品です。

貯蓄②

知人に貯蓄型保険の話を聞いたことがあるんですけど、これも貯蓄に向いているんでしょうか？

貯蓄型保険は主に右の4つの種類に分けられます。

どれも死亡保障もあるし、これで貯蓄もできるならいい制度に思えます。

そうですね。ただ、貯蓄型保険は掛け捨て型の保険と比べると手数料が高いです。また、契約期間が長いというデメリットがあることも忘れてはいけません。

人によって向き、不向きがありそうですね……。

ほかの保険の加入状況もふまえて判断するといいと思います。死亡保障がついているので、貯蓄しつつ、さらに家族のために万一の備えを手厚くしたいという人は検討の余地があるといえるでしょう。貯蓄だけが目的の人には向いていません。

貯蓄型保険
生命保険の種類の1つ。万一の保険としての機能だけでなく、貯蓄の役割も果たしている。

契約期間が長い
契約期間は5年など短めの商品もあるが、基本は10年以上など契約期間は長め。契約期間が満了する前に解約する場合は「解約返戻金」がもらえるが、支払った保険料よりも少ないことがあるので注意しよう。

貯蓄型保険は主に4タイプ

保険の種類	目的	特徴	保険金の受け取り
❶ 終身保険	・老後資金を増やしたい ・相続対策	・死亡保障が一生涯続き、被保険者が亡くなったときに保険金が支払われる	一括 or 年金
❷ 養老保険	・死亡したときの保障と貯蓄の両方がほしい	・被保険者が亡くなったときに保険金が支払われる ・保険料の払い込みが満期となったときに被保険者が生存している場合には、死亡保険金と同額の「満期保険金」が受け取れる	一括
❸ 学資（子ども）保険	・子どもの教育資金を確保したい ・親が死亡したときの保障がほしい	・保険料の支払いが満期になったときに保険金が支払われる ・被保険者（親）が満期前に死亡した場合も子が保険金を受け取れる（子の保険料支払いは免除） ・子どもが満期前に死亡した場合には、死亡給付金が支払われる	一括
❹ 個人年金保険	・年金を増やしたい	・保険料の払い込みが満期を終えたあと、年金として支払われる ・被保険者は満期前に死亡すると、死亡給付金が支払われる	年金

貯蓄型保険と掛け捨て型保険の違いは？

	貯蓄型保険	掛け捨て型保険
保険料	△基本的には掛け捨て型より高い傾向がある。	◎貯蓄型保険と比べると、コストが低い。
保障内容	○保険の種類やプランで異なるが、給付金や死亡保障が充実している。	○保険の種類やプランで異なるが、基本的に貯蓄型保険と同じような死亡保障がある。
貯蓄性	○契約満了時と解約時にお金が受け取れる（ただし、解約返戻金が元本割れすることがある）。	×解約返戻金はもらえなかったり、少額となる。

掛け捨て型との
大きな差は
保険料と
貯蓄性です

貯蓄③

財形貯蓄ってどんなもの？

財形貯蓄は給与から一定額を天引きし、コツコツお金を積み立てていく制度です。

貯蓄向けの商品や制度って、ほかにもあるんでしょうか？

「財形貯蓄」がありますよ。

友人がしています。たしか、会社が給与から毎月一定額を天引きしてくれるんですよね。

そのとおりです。財形貯蓄には目的別に3つの種類があります。老後資金とするなら「財形年金貯蓄」、住宅購入資金にあてるなら「財形住宅貯蓄」、自由に使いたいなら「一般財形貯蓄」を選ぶとよいでしょう。

天引きされて自動で積み立てられる以外にメリットはありますか？

3つとも残高が50万円以上ある場合は財形住宅融資が利用できることがあります。また、通常の預金は利息に課税されますが、財形住宅貯蓄と財形年金貯蓄は、要件を満たせば非課税となるのも魅力です。

目的別
一定の条件を満たさないで、目的外のことにお金を使った場合、利息の全額が課税対象となる（5年間さかのぼる）。

財形住宅融資
自宅の購入や新築、リフォームなどへの融資制度。年齢や住宅の種類などの要件もあり、すべての人が利用できるわけではない。

要件
元本550万円まで。財形年金貯蓄と財形住宅貯蓄を併用している場合は、2つを合算して550万円までとなる。

財形貯蓄の3タイプ

① 財形年金貯蓄

目的 老後資金の確保

特徴 加入できるのは満55歳未満。1人につき1契約までとされている。積み立て期間は5年以上。積み立てたお金は60歳以降から年金として受け取る。

満55歳
未満なら
加入可能

財形制度は
併用可能
です！

② 財形住宅貯蓄

目的 住宅の購入や
リフォームなど

特徴 加入できるのは満55歳未満。1人につき1契約までとされている。積み立て期間は5年以上。積み立てたお金は住宅購入時やリフォーム時などに引き出せる。

③ 一般財形貯蓄

目的 自由

特徴 加入年齢制限はないが、積み立て期間は3年以上となる。複数の金融機関で契約することもできる。積み立てたお金は用途に関係なく、自由に使うことができる。

財形分は
天引きしたよ

年齢制限
なし

財形では設定金額が給与から天引きされるようになっている。

副業のすすめ！
最強はアルバイト!?

副業もお金を増やす選択肢の1つ。挑戦するなら、アルバイトがオススメです。

 お金を増やす方法としては、投資や貯蓄できる制度を活用する以外に、副業もオススメです。

 副業をするなら、どんな仕事、働き方がいいんでしょうか？

 私はアルバイトこそ最強の副業だと思っています。

 えっ！ どうしてですか？

 アルバイトは日当や時給換算のことが多く、一定の労働で確実な収入になります。手軽にはじめられ、本業への影響が少ないことも魅力です。

 たしかに。仕事もマニュアル化されていて、初心者歓迎のものも結構ありますし、はじめやすいかも。

 そのとおり。はじめる場合、体が慣れるまでは無理のないペースで働くようにしましょう。

副業

会社員は会社が許可している場合に限ってできる（※憲法22条の職業選択の自由に違反するとして、効力が無効となる可能性が高いともいわれている）。副業の可否については、就業規則に記載されていることがあるので確認してみよう。

副業を入れた生活スタイルの例

週1回、自宅の近くのコンビニでアルバイトをする。あくまでも収入のメインは本業なので、支障を来さないように無理はしない。

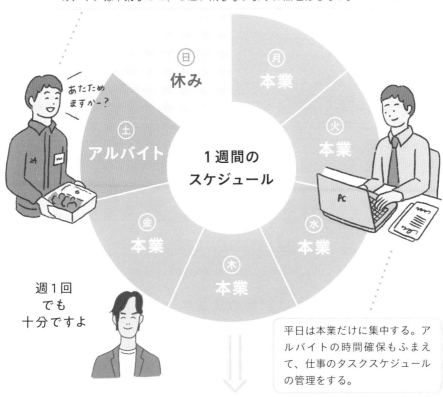

あたためますか？

アルバイト

休み

本業
本業
本業
本業
本業

1週間の
スケジュール

週1回
でも
十分ですよ

平日は本業だけに集中する。アルバイトの時間確保もふまえて、仕事のタスクスケジュールの管理をする。

[参考] 週1回コンビニアルバイトを5時間した場合の収入

	時給1,200円 時給1,500円
	アルバイト
1か月	2万4,000円
	3万円
1年	28万8,000円
	36万円
3年	86万4,000円
	108万円

 アルバイトのメリット

●確実な収入が得られる
●本業への影響が少ない
●隙間時間を活用できる

アルバイトは一定の労働で確実な収入が得られ、本業にも影響しない。また、隙間時間を活用でき、効率よくお金を増やせる。

収入は
確実に
増えます

どう働く？

副業の選び方と注意点

昨今では副業にもいろいろな選択肢があります。無理のないものを選びましょう。

　公務員でも副業が解禁され、副業を認める会社も増えてきています。

　副業は自分の好きなものを選んでかまいません。自分のスキルやこれまでの経験を活かして即戦力として活躍できる場を選んでもよいですし、本業に活かせるような仕事を選んだり、自分の好きな業界に入って楽しみながら働くという選択肢もアリだと思います。

　ただし、効率よく資産形成をするためには「労働」と「対価」が見合うかどうかをよく考えましょう。労働と対価が見合わないと、費やす時間が"もったいない"です。

　なお、副業をすると基本的には確定申告が必要になるので注意しましょう。

会社員は副業の確定申告が必要？

以下の場合は、確定申告が必要となる。

所得は売上ー経費のこと

① 給与の年間収入が2,000万円を超えている

② 1か所から給与所得を得ており、給与所得以外の年間所得（退職所得を除く）が20万円を超えている

③ 2か所以上から給与所得を得ており、メインの給与所得以外の年間所得合計（退職所得を除く）が20万円を超えている

該当しなくても住民税の申告は必要になります

📖 副業のオススメ度

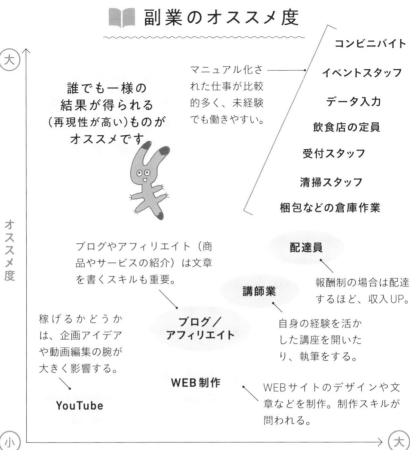

誰でも一様の
結果が得られる
（再現性が高い）ものが
オススメです

マニュアル化さ──→
れた仕事が比較
的多く、未経験
でも働きやすい。

コンビニバイト

イベントスタッフ

データ入力

飲食店の定員

受付スタッフ

清掃スタッフ

梱包などの倉庫作業

配達員

報酬制の場合は配達
するほど、収入UP。

講師業

自身の経験を活か
した講座を開いた
り、執筆をする。

ブログやアフィリエイト（商
品やサービスの紹介）は文章
を書くスキルも重要。

ブログ／
アフィリエイト

稼げるかどうか
は、企画アイデア
や動画編集の腕が
大きく影響する。

WEB制作

WEBサイトのデザインや文
章などを制作。制作スキルが
問われる。

YouTube

オススメ度　（縦軸：小〜大）

結果の得やすさ（再現性）　（横軸：小〜大）

※図は編集部で作成したイメージです。あくまで目安であり、個人差があります。

＼ 自分の強みを考えよう ／

自分についての情報を書きだし、仕事選びに活用しよう。

● 得意なことは？

● 好きなことは？

● 持っている資格は？

不動産

不動産を所有し、賃貸収入を得るには?

不動産で安定した収入を得る方法が注目されています。メリットとデメリットの両方を知りましょう。

 不動産の賃貸経営をして、収入を得ている人もいますよね?

 不動産経営も投資の1つなんです。ただ、株や投資信託などの金融商品とはやや性質が異なるのでここで解説します。

 そうなんですね!

 うまくいけば、毎月一定の収入を得られますが、空室があると、家賃収入よりも管理費用などが高くつくこともあるので注意が必要です。ローンで購入すると、毎月、その返済もあります。

 資金がある人向けということですか?

 そうですね。最近は中古物件が流行りですが、購入する際には、立地が重要になるので、念入りにリサーチしたほうがいいでしょう。区分所有するマンションよりも購入金額をおさえやすく、利回りが高くなりやすい戸建てのほうが初心者にはオススメです。

不動産
マンションや戸建て住宅など、所有する不動産を賃貸にして収入を得るのが「不動産投資」。

投資の1つ
株や投資信託などの金融商品（資産）による投資と異なり、実物投資と呼ばれている。

リサーチ
ほんとうにいい物件は、なかなか市場に出回らないこともある。専門の不動産会社に積極的に相談するなどして、パイプづくりをすることも大切。

利回り
「家賃」÷「物件価格」で算出する（表面利回りと呼ばれる）。

不動産の特徴

マンション・アパート

一棟、もしくは一室を購入して賃貸にする。空室が多いほど、家賃収入よりも維持費が高くつくというリスクが上がるので注意。

戸建て住宅

中古住宅をリフォームして賃貸にするのが主流。どこのエリアの中古住宅を購入するかが非常に重要になる。

メリット
毎月、一定額の収入を得ることができる。融資を使える（審査あり）。

デメリット
空室があると収入が減る。修繕費など不動産の維持費が高くつくことがある。

どちらが
いいかな?

不動産収入の考え方

収入 ＝ 家賃収入 － （管理費・税金・ローン返済など）

うまくいけば、毎月一定の収入が得られます。
賃貸収入を得ようとする前に
収支についてよく考えましょう

Q 贈与されたお金にも
税金はかかりますか?

A 年間110万円を超えなければ、
税金はかかりません。

　金銭の贈与には、基本的に税金がかかります。しかし、個人からお金をもらった場合、年間の合計が110万円を超えなければ、税金はかかりません。超えた場合には、「贈与税」が発生します（不動産を贈与された場合は不動産取得税などもかかる）。これは、生前贈与によって、相続税を逃れるのを防ぐ役割も果たしています。ただし、子どもの生活費の仕送りは、不相当に高額でなければ基本的には贈与税がかかることはありませんので、安心してください。

　贈与税の税率は、受け取った金額によって異なりますが、最低は10％で、最高が55％です。

　贈与税の申告と納付は、贈与された翌年の2月1日から3月15日までにおこなわなければなりません。納税額が10万円を超え、期限までに納付することが困難な場合は、申請によって5年以内で1年ごとに分割納付する「延納制度」を活用できます。ただし、利子税が追加されるうえ、原則として担保が必要です。

　なお、教育や子育てのための資金としてまとまったお金を贈与された場合は、要件を満たせば一定金額が非課税となります（2023年7月時点。改正の可能性もあるので、詳しくは文部科学省WEBサイトを参照して確認しよう）。